Eduard Krähe

Der apostel Paulus - Ein Lebensbild

Eduard Krähe

Der apostel Paulus - Ein Lebensbild

ISBN/EAN: 9783743601734

Hergestellt in Europa, USA, Kanada, Australien, Japan

Cover: Foto ©Lupo / pixelio.de

Eduard Krähe

Der apostel Paulus - Ein Lebensbild

Der Apostel Paulus.

Ein Lebensbild.

Der evangelischen Gemeinde nach den neuesten Ergebnissen
der wissenschaftlichen Theologie

dargeboten

von

Dr. Ed. Krähe,

städtischem Schul-Inspector zu Berlin.

Berlin, 1878.

J. A. Wohlgemuth's Verlagsbuchhandlung.

(Max Herbig.)

Vorwort.

~~~

In der Vorführung des Lebens von Persönlichkeiten, die, obwohl von ihren Zeitgenossen nicht verstanden, doch unablässig alle ihre Kräfte der Verwirklichung eines großen Zieles gewidmet haben, liegt unter allen Umständen etwas sittlich Veredelndes, selbst wenn dieses Leben in allen seinen Aeußerungen unsere Billigung nicht erhält. Die Entfaltung einer Willenskraft, die vor keinem Hindernis zurückbebt, die Energie eines Denkens, welches unbeirrt die letzten Conse= quenzen eines Gedankens zieht, das furchtlose Festhalten an einer sich selbst abgekämpften Anschauung gegenüber dem Hohn und Spotte einer Menge, die sich zu derselben noch nicht zu erheben vermag: alles dies fesselt, regt an und erfüllt mit einer zur Nacheiferung fortreißenden Begeisterung. Da= rum ist es auch heilsam, sich das Leben solcher Persönlich= keiten vorzuführen, besonders aber in solchen Zeiten, in denen Gleichgültigkeit und Schlaffheit die edleren Triebfedern des Menschen zu lähmen drohen, in denen namentlich dieser Gleichgültigkeit das Theuerste, was der Mensch hat, sein religiöses Bewußtsein, Gefahr läuft, zum Opfer zu fallen. Und daß das kirchliche Leben heutzutage an einem solchen Indifferentismus krankt, wer will es leugnen? Daß ein großer Theil von Christen im stolzen Gefühl seiner Bildung das Bedürfnis einer religiösen Befriedigung sogar als Zeichen einer gewiſſen geiſtigen Beſchränktheit mitleidig belächelt, einer geradezu naturaliſtiſchen Weltanſchauung ergeben iſt, daß ein noch größerer Theil derſelben, von ſocial-demokratiſchen Ideen irregeleitet, der Kirche geradezu feindlich gegenübertritt, daß endlich der größte Theil von denen, die noch Chriſten ſein wollen, ſich doch allem kirchlichen Leben gegenüber vollkommen theilnamlos verhält, wer kann es in Abrede ſtellen? Daher ſcheint es nicht unangemeſſen, ſich einmal das an Mühen, Kämpfen und Gefahren ſo reiche Leben des Apoſtels Paulus vorzuführen, den man ja doch mit Recht den zweiten Stifter des Chriſtenthums nennen kann, um ſich daran ſowohl ſelbſt wieder zu neuer Liebe für das Evangelium zu entflammen, als auch von dem Eifer dieſes Apoſtels für das Evangelium ergriffen, auch wieder bei Anderen ein lebendiges Intereſſe für daſſelbe wieder wachzurufen. —

Die Darſtellung ſchließt ſich hauptſächlich an Dr. A. Hausraths „Der Apoſtel Paulus“ an, ein Buch, das jedem, der ſich mit dem Leben und Wirken dieſes Apoſtels eingehender bekannt machen will, nur aufs angelegentlichſte empfohlen werden kann.

Erster Abschnitt.

Das Leben des Paulus bis zu seiner Bekehrung zum
Christenthume. Ungefähr 37 n. Chr. Geb.

Erstes Capitel.
Die Heimath des Paulus.

Im Süden Klein-Asiens, gegenüber der östlichen Spitze
der Insel Cypern (jetzt Kibris genannt), ergießt sich, vom
Taurus herabkommend, der Cydnus in das Mittelländische
Meer. Am Ufer dieses Flusses, nur wenige Stunden vom
Meere entfernt, lag und liegt noch jetzt die Stadt Tarsus, ehemals
die Hauptstadt der römischen Provinz Cilicien. Heutzutage hat
sie freilich ihr hauptstädtisches Aussehen verloren, gerade so,
wie jetzt auch die Mündung des Cydnus versumpft ist und
seine stagnirenden Wasser im Sommer mit dem Südwind
die Schrecken der Malaria in die Stadt bringen. Aber zu
Anfang unserer Zeitrechnung strömten seine Wasser noch so
klar und schiffbar in das Meer, daß hier sogar ein bedeutender
Transithandel blühte. Denn auf dem Cydnus wurde nicht
allein der unendliche Holzreichthum der Alpen des Taurus
nach der Küste des Mittelmeeres hinabgeflößt, sondern hier
wurden auch die Schiffsladungen umgeladen und wiederum
über den Paß in das Innere Klein-Asiens geschafft. In
der Stadt selbst bestanden zahlreiche Manufakturen, in denen
das Zelttuch, Cilicium genannt, fabricirt wurde, „aus den
Haaren der Ziegen, die an den Vorbergen des Taurus in
zahllosen Heerden weideten." Aber nicht nur Handel und
Wandel, auch Kunst und Wissenschaft hatten hier eine Heimath
gefunden. Wenn auch die Provinz Cilicien von allen Provinzen des römischen Reiches verhältnißmäßig am wenigsten
von der griechischen Civilisation berührt worden war, wenn

man auch außerhalb von Tarsus auf dem Lande nur die
landesübliche Sprache, einen dem Syrischen verwandten
Dialekt, redete, die Hauptstadt Tarsus selbst zählte doch unter
die Stätten hellenischer Bildung. „Mit ungebrochenem Eifer
warfen sich die Tarser auf Philosophie, Poesie und Rhetorik,
während damals in den Weltstädten bereits das Greisenalter
der griechischen Literatur begann." „Das frische Talent,
die Gabe der Improvisation und der freien Rede zeichnete
die tarsischen Philosophen aus." Freilich fehlte es unter
diesen Gelehrten auch nicht an solchen, denen mehr daran
lag, vor ihren Zuhörern durch ihre Gewandtheit im Disputiren
zu glänzen, als ihnen die Tiefen der Wahrheit zu eröffnen.
So kam es denn, daß die tarsischen Schulen auswärts zwar
viel gerühmt, doch auch wiederum ziemlich verrufen waren
als solche, deren Lehrer ihre akademische Würde nicht zu
wahren verständen. Man erzählte sich sogar, daß ein großer
Lehrer daselbst die Stadt um Oel bestohlen habe, daß andere
sich an ihren Gegnern durch Epigramme oder, wenn ihnen
dazu der Witz fehlte, sogar durch nächtliche Besudelung der
Häuser derselben rächten, sowie, daß der akademische Klatsch
oft in blutigem Ernste endete.

Trotz alledem aber, daß in Tarsus Handel und Wandel
blühte und damit dort auch der Leichtsinn und das Laster sich
eingenistet hatte, trotzdem, daß die Pflege der Wissenschaften
dem Tarser einen gewissen unbefangenen Blick verlieh, ihn
über das Traditionelle vielfach hinwegsetzte als etwas, das
sich eben überlebt habe, trotzdem war in Tarsus, in Folge
der abgelegenen Lage der ganzen Provinz Cilicien überhaupt, doch
immerhin auch noch ein verhältnißmäßig kräftiges religiöses Leben.
So war besonders der ererbte Cultus des Baaldienstes noch
sehr im Schwang. Dieser Cultus drehte sich wesentlich um
den Dienst des Sonnengottes Sandan, dessen Feier noch
ganz den Charakter eines wilden Naturdienstes hatte. Das
Hauptfest dieses Gottes Sandan waren die Sakkäen. Zellen,
eine Nachäffung der jüdischen Laubhütten, wurden an demselben gebaut. Sardanapal und Semiramis, beziehungsweise
Herakles und Omphale, traten bei diesem Feste persönlich

auf, um jede Ueppigkeit zu üben. Die wilden Orgien dieses
Naturdienstes endeten dann mit der Verbrennung des Fest=
königs, den man jedoch in Tarsus auf dem Scheiterhaufen
durch eine Puppe zu ersetzen pflegte, während an andern
Orten der Träger der Rolle wirklich dem Tode verfiel.

In dieser Stadt des lebhaftesten Transithandels, der
hellenischen Bildung und des wilden Baaldienstes befand sich
auch eine ziemlich große Judenschaft. Wie in allen größeren
Städten des römischen Reiches, wo sich Juden angesiedelt
hatten, wohnten sie auch hier in einem besonderen Stadt=
viertel. Aber dieses tarsische Judenviertel unterschied sich
von denen anderer Provinzial = Hauptstädte dadurch, daß es
sich einen streng theokratischen Charakter bewahrt hatte.
Aengstlich vermied der tarsische Jude jeden näheren Verkehr
mit dem Heiden, mit Entrüstung blickte er auf die wilde
Feier des Gottes Sandan, mit Verachtung auf die Philosophen,
deren vermeintliche Weisheit ihm nur als die Verirrung des
dem wahren Gotte entfremdeten menschlichen Geistes erschien.
Und mit diesem religiösen Eifer verband der tarsische
Jude auch noch eine nationale Begeisterung. Daß die Un=
abhängigkeit des jüdischen Staates wiederhergestellt werde, daß
Jerusalem heranwachse zu der Hauptstadt jener Theokratie,
zu welcher zu gehören nach den Aussprüchen ihrer Propheten
auch die Heiden für das größte Glück einst halten sollten,
daß in dem Tempel zu Jerusalem wieder die Gebete des
vereinigten Israel zu Jehovah emporsteigen möchten, das
war sein täglicher, mit heißer Inbrunst zum Gott der Väter
emporgesandter Wunsch. Der tarsische Jude war auch ein
stehender Festgenosse Jerusalems, wo eine eigene Synagoge
sogar ihn mit den gleichgesinnten Landsleuten zusammen=
führte. Durch diese Wallfahrten von Tarsus nach Jerusalem
wurde dem Feuer der patriotischen Begeisterung immer wieder
neuer Brennstoff zugeführt. Und wie diese patriotischen Wünsche,
sobald es die Zeitverhältnisse forderten, bei dem tarsischen
Juden auch zur That wurden, das bewies nachmals die tarsische
Judenschaft bei dem Ausbruche des jüdischen Krieges. Da=
mals traten nämlich die Juden von Tarsus zusammen, um

die Stadt ihrer Väter und den Tempel auf Zion gegen die
Legionen Vespasians und seines Sohnes Titus zu schützen,
ja, die Söhne des tarsischen Judenviertels zogen sogar in Person
aus, um mit ihrem Herzblut für Jerusalem zu streiten. Eine
That, für die Titus dann, als er auf dem Rückmarsch durch
Tarsus kam, über die cilicische Judenschaft strenge Blutgerichte
verhängte.

Aus dieser tarsischen Judenschaft nun ist unser größter
Apostel hervorgegangen, der Apostel Paulus, geboren ungefähr
um dieselbe Zeit, als in dem äußerlich unscheinbaren,
palästinensischen Städtchen Bethlehem der Herr Jesus Christus
das Licht der Welt erblickte. So hatte Gottes vorsorgliche
Weisheit, als sie den Weltheiland sandte, zugleich auch sich
schon den auserwählt, der als ihr vornehmstes Rüstzeug die
Kunde von dem erschienenen Weltheilande über die engen
Grenzen Palästinas hinaus bis in das Herz des römischen
Reiches, bis in seine Hauptstadt selbst hineintragen sollte.
Und noch nach einer anderen Seite hin müssen wir hier
vor der göttlichen Weisheit staunend still stehen.

Wie ein Gärtner, wenn er eine seltene Blume sich in
ihrer ganzen Eigenthümlichkeit entwickeln sehen will, bei deren
Pflanzung schon für die Erfüllung aller hierzu nöthigen Be=
dingungen sorgt, so ließ Gott auch den Apostel Paulus gerade
in dem Judenviertel von Tarsus geboren werden und auf=
wachsen, weil sich nirgends so günstig, wie gerade da, dem
späteren Heidenapostel die Gelegenheit bot, alle die Eigen=
schaften sich anzueignen, die ihm für seinen großen Beruf
nicht abgehen durften. Hier lernte er nämlich gleich von Jugend
auf mit den verschiedensten Menschen umgehen, so daß er
später, je nachdem es die augenblickliche Situation erheischte,
ohne Schwierigkeit den Griechen ein Grieche, den Hebräern
ein Hebräer werden konnte; hier erwarb er sich diejenige
Unbefangenheit der Anschauung und des Urtheils, die ihn
späterhin die national=jüdische Schranke überschreiten ließ, so
daß ihm Gott nicht mehr nur als der Gott der Juden, sondern
als der Gott aller Menschen, der Juden und der Nichtjuden,
erschien, diejenige geistige Freiheit, die ihn heidnische Bräuche und

Sitten, die die Juden unter die G r e u e l rechneten, weil sie näher oder entfernter mit dem heidnischen Götzendienst zusammenhingen, später gelegentlich sogar zum Gleichniß heiliger Vorgänge nehmen ließ, so daß er z. B. 1. Cor. 7, 31 die große Umwandlung der Welt am Tage des Messias mit einem Scenenwechsel auf der Bühne vergleichen, ferner 1. Cor. 4, 9 sich selbst als ein Theater für Menschen und Engel bezeichnen, endlich 1. Cor. 9, 24 das Leben in Gott mit dem Treiben auf der griechischen Rennbahn zusammenstellen konnte, „in das die Jünglinge eintreten nach mäßigen, keuschen Wochen der Vor=bereitung, um nach dem Kranze zu jagen, den nur Einer erhält, bei dem sie mit verbundenen Augen laufen und fechten zum Gelächter der Menge, bis schließlich der Sieger seinen Gefangenen geknebelt zur Pforte trägt, während der Herold sich spreizt und mit hoher Stimme die Namen der Sieger und die Gesetze des Kampfes verkündet, dessen er sich selbst weislich enthielt.“ Hier, in dem großstädtischen Gewühl von Tarsus, erwarb er sich ganz besonders auch schon die Fähigkeiten, ohne welche er die namenlosen Schwierigkeiten seines Missions=berufes nicht hätte überwinden können, hier lernte er schon sicher aufzutreten, zu organisiren, tausend Fäden in der Hand zu halten, hundert Interessen zu übersehen und sich selbst zu vervielfältigen, ohne sich doch selbst zu verlieren. —

Zweites Capitel.
Das Leben des Paulus in der Heimath bis zu seiner Uebersiedelung nach Jerusalem.

Die Eltern des Paulus, der von Jugend an wohl gleich die beiden Namen Saulus und Paulus führte, nachher aber als Christ sich vorzugsweise mit dem letzteren nannte, gehörten dem Stamme Benjamin an, also einem der Stämme, die einst, als das Reich der Hebräer in ein nördliches und südliches sich spaltete, dem angestammten Davidischen Herrscher=hause treu geblieben waren. Sein Vater soll nach der

Apostelgeschichte das römische Bürgerrecht besessen haben.*) Wie dem nun auch sein mag, gewiß ist, daß der junge Paulus in dem väterlichen Hause streng theokratisch erzogen wurde, daß er von Jugend auf gelehrt wurde, es als einen besonderen Gewinn zu betrachten, daß er dem Gesetze gemäß am 8. Tage beschnitten und damit dem Bundesvolke einverleibt worden sei, daß er kein Jdumäer oder Halbjude, sondern aus rein jüdischer Ehe ein Hebräer geboren sei, daß seine Lippen zuerst die Sprache des Paradieses und nicht die der Griechen geredet hätten. Die Vorurtheile des pharisäischen Hauses umstanden also seine Wiege, sein Judenthum nahm zu wie der Senfbaum im Evangelium, und Unduldsamkeit, Fanatismus, National= haß, Stolz und andere Leidenschaften bauten ihre Nester zwischen den Zweigen. Und wie diese pharisäische Erziehung, die wir also auch bei Paulus vorauszusetzen haben, beschaffen war, das ist uns aus anderen Quellen nicht unbekannt. Schon mit dem 5. Lebensjahre begann nämlich im Hause des Pharisäers für das Kind die Lektüre der heiligen Schrift, nicht viel später der Besuch der Synagoge an den drei Gebetsstunden, die für den Diasporajuden die dreitäglichen Opfer im Tempel zu Jerusalem bedeuteten. Am Montag, Donnerstag und Sabbath hörte man die Vorträge des Gesetzes an. Allmälig wuchs dann der Schüler in die Schule und in das Amt des Lehrers selbst hinein. Er las das Gesetz, er vervielfältigte es durch Abschreiben, er versuchte die Aus= legung, er betheiligte sich an den Streitgesprächen der Synagoge. So wurde denn auch der junge Paulus von Jugend auf von seinen Eltern beständig angehalten, fleißig in den heiligen

---

*) Es ist indessen unwahrscheinlich, daß die Eltern des Paulus römische Bürger gewesen sind, da der Apostel nach seinen eigenen Schilderungen mehrfach von den römischen Behörden mit Strafen belegt wurde, vor denen der römische Bürger sichergestellt sein sollte. Wie ist aber diese Notiz in die Apostelgeschichte gekommen? Zur Zeit ihrer Abfassung war unter den Nichtchristen vielfach die Meinung verbreitet, daß die Urheber des Christenthums Feinde des römischen Staates gewesen seien. Um nun diesem Vorwurfe entgegenzutreten, ließ ihr Verf. den Apostel Paulus schon von Geburt an das römische Bürger= recht besitzen.

Schriften zu lesen, regelmäßig die Synagoge zu besuchen und aufmerksam dem Unterricht der Rabbinen beizuwohnen. Und seine Schriftlektüre muß eine ebenso umfassende, als intensive gewesen sein. „An der intensiven Beschäftigung des jungen Paulus wird Niemand zweifeln, der nur an einem einzigen Briefe des Apostels gesehen hat, wie sein Denken ein Denken in Citaten ist. Er hat sich mit der Schrift so durchdrungen, daß sich ihm alles in Schriftstellen darstellt." Wie vollständig und vollkommen gleichmäßig aber auch diese Schriftkenntniß des Paulus ist, das ergibt sich daraus, daß er das Gesetz, die Propheten und die Hagiographen gleich oft citirt, unter den letzteren namentlich die Psalmen. Es war aber nicht die hebräisch geschriebene Schrift, die Paulus vor sich hatte, sondern die griechische Uebersetzung derselben, die sogenannte Septuaginta. Das hat indessen nichts Auffälliges, wenn man bedenkt, daß selbst den Juden in Palästina die Kenntnis des Hebräischen so verschwunden war, daß ihnen der hebräische Text erst in das von ihnen gesprochene Aramäische übersetzt werden mußte. Paulus lernte überdies doch auch gleich von Jugend auf neben dem griechischen den hebräischen Text ver= stehen. Er erscheint wenigstens später durchaus nicht der griechischen Bibel auf Gnade und Ungnade ausgeliefert, sondern wo der hebräische Text seinem Zwecke besser dient, da greift er auch stets auf diesen zurück. Die Lektüre des jungen Paulus beschränkte sich aber nicht blos auf die heiligen Schriften, sie verbreitete sich auch noch über diese hinaus auf andere, sofern sie überhaupt nur der religiösen Gattung an= gehörten, namentlich auch auf die griechischen Apocryphen. Die Reminiscenzen an diese Lektüre zeigen sich noch in Citaten, die er später gelegentlich in seinen Briefen anbringt, aller= dings in der Regel auch unter der Formel: Es sagt die Schrift. So stammt der Spruch: Weder Beschneidung noch Vorhaut ist etwas, sondern eine neue Creatur, nach der Meinung der Alten, aus einer verlorenen Apocalypse des Moses. Ein anderes uns verlorenes Apocryphum muß das schöne Wort enthalten haben, das wir 1. Cor. 9, 10 lesen: „Auf Hoffnung hin soll der Pflügende pflügen und

der Dreschende dreschen, auf Hoffnung des Theilhabens.“
Einer uns gleichfalls verloren gegangenen Schrift entlehnte
er die Worte 1. Cor. 2, 9: „Was ein Auge nicht gesehen
und ein Ohr nicht gehört hat und zum Herzen eines Menschen
nicht gestiegen ist, uns hat es Gott geoffenbart durch den
Geist.“ Zu dieser ausgedehnten Lectüre kamen dann noch
die Lectionen der Rabbinen, aus denen er sich jene epi=
grammatischen Kernsprüche aneignete, wie: „Nichts über die
Schrift hinaus“ oder: „Wenn du das Gesetz übertrittst, ist
deine Beschneidung Vorhaut geworden,“ oder: „Liebe deinen
Nächsten wie dich selbst, das ist die Summe des Gesetzes,“
oder: „Wer nicht arbeitet, soll auch nicht essen.“ — Eine
griechische Bildung erhielt der Knabe wohl nicht, denn in
einem pharisäischen Hause — und in einem solchen lebte ja
doch Paulus — wurde griechische Literatur als verunreinigend
nicht geduldet. Aber wie ein reger Geist immer viele Lehrer
hat, so lernte der junge Paulus auch dann noch etwas hinzu,
wenn er sein dumpfes Judenviertel verlassen, die heiligen
Schriften einmal bei Seite gelegt hatte und in den götzen=
dienerischen Straßen von Tarsus sich erging. Hier lernte er
dann die hellenischen Gemeinplätze kennen, wie er sie später
gelegentlich ebenfalls in seinen Briefen citirt hat, so den
1. Cor. 15, 33 citirten, aus einer Tragödie des Menander
stammenden jambischen Trimeter: „Schlechter Umgang verdirbt
gute Sitten.“ Heimisch wird er sich aber in diesen Straßen
gewiß nie gefühlt haben. Im Gegentheil. Wenn er dann
das sittenlose Treiben der Heiden hatte sehen müssen, wie
es sich namentlich zur Feier der Sakkäen zeigen mochte,
wenn er dann hatte bemerken müssen, wie man überall nur
nach dem augenblicklichen Genusse haschte, ja, daß dieses
Haschen nach diesem Genuß sich sogar unter der Statue eines
Gottes eingegraben fand, damit es sich der Vorübereilende
zu Herzen nähme, wenn er dann ferner von der würdelosen
Haltung der hellenischen Philosophen hören mußte, von ihrem
Streiten um nichts, von dem Hetzen, Klatschen und Spioniren
dieser Gelehrten, dann wird der ernste, theokratisch fühlende
und denkende Knabe gewiß jedes Mal wieder in sein Juden=

viertel zurückgekehrt sein, erfüllt mit dem größten Abscheu vor solchem eitelen Getriebe und vor solchen Greueln, zugleich aber auch gewiß jedes Mal aufs Neue durch das Bewußtsein gehoben, ein Glied des Volkes zu sein, das sich der wahre Gott aus allen Völkern allein als sein Volk ausgesondert habe und das noch einmal berufen sei, sobald nur erst der Messias gekommen sein werde, das Scepter über alle Völker der Erde zu führen. Das von den Heiden so verachtete Judenviertel wird ihm dann gewiß immer wieder nur noch lieber, die Synagoge darin nur noch heiliger, seine Lehrer darin nur noch ehrwürdiger erschienen sein.

So bildete sich der junge Paulus zu einem hoffnungs= vollen Schriftgelehrten der strengläubigen Judenschaft von Tarsus heran. Als solcher lernte er aber auch ein Handwerk, weil, nach dem Grundsatze der Lehrer, das Gesetz nicht zur Haue gemacht werden dürfe, um damit zu ackern. Am liebsten wählten nun die Schriftgelehrten ein solches, welches den Kopf frei ließ, also ein möglichst mechanisches. In Tarsus stand die Anfertigung des Ciliciums in Blüthe, „eines aus Haarlitzen geflochtenen groben Stoffes, den man zu Tuch= schuhen, Decken, Mänteln und Zelten verwendete.“ Dieses Handwerk nun erlernte Paulus; er wurde, wie die Apostel= geschichte sagt, ein Zeltweber. Diese Arbeit nährte indessen kaum ihren Mann, da sie schlecht bezahlt wurde, und so hören wir denn auch den Paulus später nicht selten darüber klagen, daß er, um Keinem beschwerlich zu fallen, bei Tag und Nacht mit Mühe und Last arbeiten müsse (1. Thess. 2, 9). —

Wie wir von der Kindheit des Paulus eigentlich kaum mehr erfahren, als daß er von streng jüdischen Eltern ab= stammte, so schweigt auch die Geschichte ganz über das Jünglings= und erste Mannesalter desselben. Nur das steht fest, daß, wie das Kind schon früh in das pharisäische Juden= thum eingeführt worden ist, so Paulus auch als Jüngling und angehender Mann zu den eifrigsten der dieser Richtung ergebenen Juden gehört hat, daß es für ihn, wie für jeden Pharisäer, eine ausgemachte Thatsache war, daß Gott seinem Volke das messianische Reich bringen werde, sobald Israel

pünktlich sein Gesetz erfülle, und daß es ihm ebenso ausgemachte Sache war, daß, Dank der Anstrengung der Pharisäer,
dieser Zeitpunkt nicht mehr fern sei. Wie bei den meisten
Israeliten, so hatte gewiß auch bei ihm diese Hoffnung, in
dieser Zeit vor seiner Bekehrung, einen wesentlich politischen
Charakter. Darnach erwartete er ein sichtbares Gottesreich
auf Erden, eine sichtbare Theokratie, die mit der Vernichtung
der verhaßten Römerherrschaft begonnen werden, mit der
huldvollen Aufnahme aller Völker, unter Beseitigung aller
antitheokratischen Elemente in denselben, in dieses Gottesreich
feierlich inaugurirt werden und dann von Ewigkeit zu Ewigkeit zur Ehre Gottes Bestand haben würde. So in der
Schrift eifrig forschend, jüngere Israeliten aus derselben wiederum
emsig unterweisend, sein Handwerk still ausübend, getragen von der
lebendigen Hoffnung, daß das messianische Reich bald eintreten
werde, lebte Paulus, äußerlich eine kleine, unscheinbare Persönlichkeit, in Tarsus etwa bis zum Jahre 35 n. Chr. G. Seit dieser Zeit
finden wir ihn in Jerusalem. Nachdem auf einmal aus dem
Heimathslande der Theokratie, aus Palästina, die wunderbare Kunde nach Cilicien gelangt war, daß daselbst der
erwartete Messias wirklich erschienen sei, eine Kunde, die
seinen Lebensgang ganz anders, als er es selbst meinte,
gestalten sollte, da hatte es ihn nämlich in Tarsus nicht länger mehr
gelitten, sondern unwiderstehlich nach dem Orte, auf den sich
die messianische Bewegung concentriren mußte, nach Jerusalem
hingezogen.

Es wurde erwähnt, daß Paulus eine kleine, unscheinbare
Persönlichkeit gewesen. Noch um die Mitte des 2. Jahr-
hunderts, als der Verfasser der Apostelgeschichte seine „Thaten
der Apostel" schrieb, hatte man hiervon eine Erinnerung.
Es wird nämlich berichtet, daß die Bürger des auf der andern
Seite des Taurus gelegenen Städtchens Lystra seinen ihn über-
ragenden Begleiter Barnabas für Zeus, ihn aber für den
kleinen und beredten Götterboten Hermes gehalten hätten
(Apostelgeschichte 14, 12). Daß Paulus in der That eine
unscheinbare, wenig imponirende Gestalt war, und keineswegs
der imposante Redner, wie ihn Raphael auf die Stufen des

Areopag gestellt hat, geht auch aus seinen Briefen selbst hervor. Immer kehrt in denselben die Klage über den körperlichen Druck wieder, der auf ihm liege; über Krankheiten, die ihn heimsuchten und ihm das Gefühl der Unbefangenheit und den freien Gebrauch seiner geistigen Kräfte verkümmerten. So schreibt er an die Corinther (2. Cor. 5, 2. 4): „So lange wir in dieser Hütte (d. i. diesem Körper) sind, seufzen wir und sind gedrückt und sehnen uns, mit unserer himmlischen Behausung überkleidet zu werden." Und ähnliches meint er, wenn er seinen Leib den irdenen Scherben nennt, in dem er den göttlichen Schatz berge, oder wenn er berichtet, daß er den Tod Jesu mit sich trage (2. Cor. 4, 7. 10). So hat er auch die Handarbeit in den dumpfen Stuben seines Gewerks sein Leben lang als eine Anstrengung und Mühsal empfunden, als eine Last, die seinen schwachen Körper zu Boden drücke. In allen Briefen kommt er ein oder mehrere Male darauf zu reden (1. Thess. 2, 6. 9; 2. Thess. 3, 8; 1. Cor. 9, 2 ff.), und nicht die blutigen Martyrien, sondern die ganz gewöhnliche Sorge des Broterwerbes ist es, die ihm bei seiner Schwäche am schwersten wird. Ebenso beweisen es auch die in diesen Briefen enthaltenen Aeußerungen seiner Gegner über ihn, daß der Eindruck seiner Persönlichkeit ein keineswegs imponirender war. Seine Briefe, sagen diese (2. Cor. 9, 10), sind zwar gewichtig und stark, aber seine leibliche Anwesenheit ist schwach und seine Rede ist verächtlich. Genährt wurde dieser körperlich krankhafte Zustand besonders durch ein dämonisches Leiden, das ihn von Zeit zu Zeit mit solcher Heftigkeit ergriff, daß er das Bewußtsein verlor. Mit diesem körperlichen Leiden war dann bei ihm auch, wie bei allen kränklichen Naturen, eine gewisse Reizbarkeit verbunden, die ihn der göttlichen Ruhe, des harmonischen Ebenmaßes des geistigen Lebens zuweilen beraubte, ihn leidenschaftlich, ja selbst ungerecht werden lassen konnte. „So ist er einer der reizbaren Menschen, die der Widerspruch aufregt, ja krank macht. Und diesem Gefühl entspricht dann auch die Stärke seiner Ausdrücke. Wo wir sagen würden: Ihr habt mich nicht verachtet, sagt er: ihr habt mich nicht ausgespieen (Gal.

4, 14), wo wir sagen würden: ich bin gering geschätzt, sagt er: ich bin ein Kehricht und Abhub (1. Cor. 4, 13), wo wir sagen würden: ich achtete es für nichtig, sagt er: ich habe es für Mist erachtet (Phil. 3, 8). Nicht selten äußert sich bei ihm der innere Sturm auch in den spritzenden Schaumflocken des Witzes und in ironischen Spitzen, die niemals neben das Ziel gehen, wohl aber öfter bitter verletzen (1. Cor. 4, 3. 8; Gal. 5, 11. 15; 6, 7. 23). Bei diesem Grad der Reizbarkeit fehlt es begreiflicher Weise so wenig an Beispielen, daß Paulus die persönliche Heftigkeit seines Auftretens zu beklagen hat und bekennen muß, er wünschte, einen andern Ton an= geschlagen zu haben (Gal. 4, 20), als an solchen, daß er heftige Briefe entschuldigt mit der Versicherung, er habe sie aus großer Trübsal und Beklemmung des Herzens geschrieben mit vielen Thränen." Kurz, das schon von Natur unschein= bare Aeußere des Paulus wirkte durch die sich wiederholenden Anfälle eines dämonischen (epileptischen) Leidens, sowie durch die mit diesem krankhaften Zustande des Körpers verbundene hohe Reizbarkeit seiner Nerven auf seine Umgebung zunächst wohl nur so, daß diese von ihm einen günstigen Eindruck nicht erhalten konnte. „Für die Persönlichkeit des Paulus ist also der Gegensatz äußerer Schwachheit und innerer Fülle charakteristisch (2. Cor. 4, 7. 10). Er gehörte offenbar unter die Naturen, über die die Menge hinwegsieht, die aber einen kleinen Kreis um so enger an sich ketten, weil sie in diesem jedes Herz kennen und Jedes Sache zu ihrer Sache machen."

Drittes Capitel.

Ueberfiedelung des Paulus nach Jerusalem und seine christenfeindliche Wirksamkeit daselbst.

Um das Jahr 35 war Paulus, wie oben bemerkt, nach Jerusalem gezogen*).

---

*) Nach der Apostelgeschichte freilich soll er schon in früher Jugend dorthin gekommen und daselbst besonders unter Gamaliel, dem Enkel Hillels, zum pharisäischen Schriftgelehrten herangebildet worden sein. Dagegen sprechen indessen folgende Gründe:

1. Gesetzt, er wäre in Jerusalem von früher Jugend an gewesen,

Er fand bei seiner Uebersiedelung nach der jüdischen
Hauptstadt die Judenschaft daselbst in zwei Heerlager gespalten.
Das kleinere, geschaart um die Apostel Jesu, die nun ihre
galiläische Heimath verlassen und ihren Wohnsitz dauernd in
Jerusalem aufgeschlagen hatten, war überzeugt, daß Jesus
von Nazareth der Messias sei, der, auferstanden von den
Todten, in Bälde auf den Wolken des Himmels wiederkehren
werde, um hier auf Erden seine Getreuen um sich zu ver=
sammeln und das Reich Gottes zu constituiren. Das andere
Heerlager, das bei weitem größere, an seiner Spitze die
gesetzesstrengen Pharisäer und die aristokratischen Sabbucäer, hielt
jenen Glauben für eine phantastische Schwärmerei und die
Anhänger desselben für die irregeleiteten Opfer eines frevelhaften
Betruges. Paulus fand mit Einem Wort die Judenschaft Je=
rusalems durch den Kreuzestod Jesu von Nazareth noch im höchsten
Grade erregt. Denn anstatt daß mit dem Tode Jesu, wie die Gegner

so hätte er doch wohl nicht der von Johannes dem Täufer, auch nicht
der von Jesus Christus ausgegangenen Bewegung fern bleiben können,
zumal bei seiner streng pharisäischen Richtung. Von Johannes dem
Täufer redet Paulus nun überhaupt nicht, Jesum aber hat er nach
seinem eigenen Zeugniß nie gesehen. „Daß er sich gegen Johannes
den Täufer verstockt, daß er mit dem Otterngezüchte gegen den Propheten
am Jordan gezischt, daß er mit den anderen Pharisäern Anschläge gegen
Jesum geschmiedet, daß er mit ihnen Barrabas dem Messias vorgezogen,
daß er mit der Menge: Kreuzige! Kreuzige! gerufen, das Alles hätte
ein die eigene Vergangenheit so streng richtender Geist, wie der des
Paulus, nicht verschwiegen, wäre dieselbe von diesem Schatten verdunkelt
gewesen. Und hätte er schweigen wollen, seine Gegner würden für
diese Vergangenheit ein gutes Gedächtniß gehabt haben. Daß auch sie
diesen Vorwurf nirgends erheben, beweist, Paulus war weder an der Oppo=
sition gegen den Täufer, noch am Kampf der Pharisäer mit Jesu betheiligt.“
2. Daß Paulus später stets Tarsus, nicht Jerusalem als die Heimath
betrachtet, in die er sich zurückzieht, daß er in Judäa überhaupt
unbekannt ist von Angesicht (Gal. 1, 22), daß er ein Handwerk
treibt, das in Tarsus seine Heimath und von Cilicien seinen Namen
hat, kann die Angabe der Apostelgeschichte wenigstens nicht unterstützen.
3. Auch die Angabe der Apostelgeschichte, daß Paulus zu den
Füßen Gamaliels gesessen habe, widerspricht dem, daß Paulus zu Jeru=
salem und nicht zu Tarsus seine Bildung erhalten habe. Gamaliel war
der Mann der Milde, der sanften Mittel, des geduldigen Zuwartens,

gehofft, die messianische Bewegung zum Stillstand gebracht
worden wäre, schien sie nun erst gerade recht in Fluß gekommen
zu sein. Kein Tag verging, an dem nicht die Zahl der
messiasgläubigen Juden in Jerusalem zugenommen hätte,
denn abgesehen von der Begeisterung, mit welcher die Apostel Jesu
die Thatsachen ihres Glaubens vortrugen und die hier und
da die Zuhörer mächtig ergriff und unwiderstehlich zu sich
herüberzog, traten diese Galiläer, im Verein mit anderen
messiasgläubigen Juden, ihren Gegnern gegenüber für ihren
Glauben nun auch schon den Schriftbeweis an. Besonders waren es
gläubig gewordene hellenistische Juden: ein Barnabas, ein
Philippus, ein Stephanus, welche es, wie die Paläftinenser
Petrus, Matthäus und Johannes im Tempel, so in den
Synagogen der Libertiner, Cilicier und denen der übrigen
griechischredenden Juden unternahmen, aus der Schrift den
Nachweis zu liefern, daß der von den ungläubigen Juden

Paulus dagegen nennt sich einen Zeloten (Gal. 1, 14; Phil. 3, 5).
„Der Gegensatz zwischen Gamaliel und den Zeloten war aber keineswegs ein solcher, der innerhalb seiner Schule sich geltend machte,
sondern wer Zelot war, hing eben nicht ihm, sondern seinem Gegner
Schammai an. Schammaiten und Hilleliten standen sich gegenüber.
So leicht sich nun versteht, daß eine Eiferseele wie Paulus den Zeloten
angehört haben muß, wie die Paulinischen Briefe berichten, so unverständlich bleibt es, was er laut der Apostelgeschichte zu den Füßen
Gamaliels gesucht haben soll."
4. Der Umstand, daß der bei der Verfolgung des Stephanus
betheiligte Paulus ein Jüngling genannt wird, Paulus sich aber selbst,
als er im Jahre 60 an Philemon in Colossä schrieb, als einen Greis
bezeichnet, spricht ebenfalls gegen die frühe Anwesenheit des Paulus in
Jerusalem. Ist Paulus im Jahre 60 ein Greis, so kann er im Jahre
36 nicht wohl mehr ein Jüngling sein, abgesehen davon, daß gerade
die Rolle, die Paulus bei den ersten Verfolgungen der Christen spielt, eine
unfertige Jugend ausschließt. „Zumal im Judenthum, wo der Grundsatz
galt, daß Weisheit nur bei Greisen zu finden sei, würde man eine so
verantwortungsvolle Mission, wie die zur Ausrottung des Christenthums in
Damascus, sicher keinem Jünglinge in unserem Sinne übertragen haben."
Diese ganze Jugendlegende ist daher wahrscheinlich aus der Tendenz
der Apostelgeschichte entstanden, den Judenchristen zu Liebe den
Apostel schon möglichst früh im engsten Zusammenhange mit der Hauptstadt des Judenthums und ihren weisen Lehrern zu zeigen.

an's Kreuz geschlagene Jesus der Christ wäre. „Mit heißem
Eifer lag man über der Schrift, um dem Bilde Jesu in den
Büchern des alten Bundes nachzuspüren, und der Evangelist,
der Jesum sprechen läßt: Suchet in der Schrift, sie ist's, die
von mir zeuget (Joh. 5, 39), hat auch für den kleinsten Zug
des Lebens und Leidens Jesu die entsprechende Vorhersagung
in den Propheten zu entdecken gemeint." „Leicht und klar
legte sich auf Grund dieses Gotteswortes das ganze Schicksal
Jesu zurecht. Immer deutlicher nahm das jüdische Messias=
bild die Züge Jesu an und seine Gestalt schien aus den
Verheißungen des alten Bundes empor zu tauchen. Die
Rabbinen suchten sie wegzuwischen, aber Stück für Stück
setzten die beredten Messiasgläubigen Leben und Ende Jesu
aus den Stellen der Schrift zusammen."

In diesen Streit der Meinungen zu Jerusalem sah sich
nun auch der Tarser hineingestellt. Er mußte wählen zwischen
beiden Parteien. Doch für ihn bedurfte es keiner langen
Ueberlegung, zu welchem der beiden Heerlager er seine Schritte
lenken sollte. Für ihn, den national gesinnten Pharisäer,
dem das Bild des Messias als eines mächtigen Herrschers
auf Erden vorschwebte, konnte die an das Kreuz genagelte
jammervolle Gestalt Jesu von Nazareth im besten Falle nur
die eines in Verirrung gerathenen Schwärmers sein; ihm
mußten die Anhänger dieses Gekreuzigten nur als die
bedauernswerthen Opfer eines durchaus antinationalen und
antitheokratischen Wahnes erscheinen. Er stellte sich daher
mit voller Ueberzeugung und aller Entschiedenheit auf die
Seite der G e g n e r der messiasgläubigen Partei.

So lange sich nun die Messiasgläubigen noch innerhalb
der Satzungen und Lehren des Judenthums hielten, hatte es
bei den Disputationen zwischen ihnen und den Gegnern sein
Bewenden. Erbitterter wurde der Gegensatz zwischen den
beiden Heerlagern erst, als aus dem messiasgläubigen auch
Aeußerungen laut wurden, die dem echten Juden geradezu
als destructiv erscheinen mußten. Wie nämlich das damalige
Judenthum überhaupt seiner Sprache nach in ein hebräisches
und hellenistisches geschieden war, so trat dieser Gegensatz

2*

auch sehr bald in der messiasgläubigen Partei hervor. Wie die Anhänger der griechischen Bibel von Haus aus einen weiteren Kreis für die Segnungen und Verheißungen des Judenthums in's Auge faßten als die Hebräer, wie sie die Heiden mit dem Mosaismus erlösen wollten, während das fanatische landsässige Judenthum das heilige Land vielmehr erlöst wissen wollte von den Heiden, wie sie fern vom Tempel sich gewöhnt hatten, die ewigen humanen Vorschriften des Mosaischen Gesetzes als das Wesentliche zu betrachten und über das Historische und Zufällige hinwegzu= sehen, so regten sich auch bald unter den Helleniſten der Messiasgläubigen ähnliche, universalistische Tendenzen. Der Gegensatz, der die hebräischen und griechischen Juden trennte, übertrug sich auch mit allen seinen Momenten in die messias= gläubige Gemeinde, ein Gegensatz, der nachher denn auch die Scheidung der Messiasgläubigen in die beiden Fractionen der universalistischen Pauliner und particularistischen Petriner herbeiführte. Aus dem Kreise der hellenistischen Messias= gläubigen war es nun, daß Behauptungen hervorgingen, die Seitens der nichtgläubigen Juden eine blutige Verfolgung nach sich ziehen sollten. Als nämlich der hellenistische Diacon Stephanus, wohl bei den Besprechungen der sabbatlichen Schriftabschnitte, geltend machte, daß der Messias bereits erschienen, von seinem Volke aber verworfen sei, ferner, daß das von dem wiederkehrenden Messias zu begründende Gottes= reich nicht blos die jüdische Theokratie, sondern die ganze Welt umfassen, sowie, daß nun das Priesterthum überflüssig geworden sei, da erhob sich voll Grimm und Erbitterung über solche gotteslästerlichen Reden die gesammte jerusalemitische Judenschaft, von den Pharisäern und Sadducäern angestiftet, gegen die neue Secte, klagte den Stephanus der Gotteslästerung an und verurtheilte ihn zu der Lev. XXIV, 10 auf diese Läſterung gesetzten Strafe der Steinigung. Dieser Gewaltstreich — denn die Todesstrafe durfte die Judenschaft nicht selbst vollstrecken, sondern nur der römische Procurator — war aber zugleich auch das Signal zu einer allgemeinen Verfolgung der Messiasgläubigen, sowohl in der Hauptstadt, wie auf dem

Lande. Die Folge war, daß die Schaar der Messiasgläubigen zerstäubte, die Versammlungsorte veröbeten, die Söller leer standen. Die Flucht ging hauptsächlich gegen Norden zu, nach Samarien, nach Galiläa, schließlich auch nach Damascus, wohin wohl schon die Stammgemeinde Capernaums ihre Ableger verpflanzt haben mochte. Aber auch dorthin fand das Synedrium Wege und fanatische Boten sammt einem willigen Volksältesten, den der Araberkönig Aretas, der sich eben der Stadt bemächtigt, den Juden verwilligt hatte. Und als einer von denen, dem dieser blutige Ausgang der Glaubensdifferenz ganz nach dem Herzen war, erscheint nun auch Paulus. Hatte er vor dem blutigen Conflicte mit in den Reihen derer gestanden, welche die Deductionen der Messiasgläubigen mit Gründen zu widerlegen suchten, so trat er bei dem Ausbruche desselben ihnen nun auch mit der feindlichen That entgegen. Als Abgeordneter des ungläubigen Synedriums wohnte er der Steinigung des Stephanus bei, als das fanatische Werkzeug dieser Behörde verhaftete und verurtheilte er jeden, der Jesum von Nazareth als den Christ zu bekennen wagte. In seiner Verfolgungswuth kannte er keine Grenzen mehr. Er ging in derselben nach seinen eigenen Worten weiter als viele seines Alters (Gal. 1, 13 f.). Denn nicht nur auf die Hauptstadt, auch auf die Städte außerhalb derselben erstreckte sich sein Wüthen, und nicht nur in den Synagogen, auch in den Familien wußten seine Schergen ihre Opfer zu finden. Und so schaltete und waltete er, bis nach seiner Meinung zu Jerusalem wenigstens die verderbliche Secte vernichtet war.

Aber noch hatten sich viele von den Sectirern in die syrophönizischen Städte geflüchtet, besonders nach Damascus. Die Flüchtigen dort zu ergreifen und so die zahlreiche Judengemeinde dieser Stadt — sie zählte mindestens 20,000 Köpfe — vor dem Gifte der pseudomessianischen Neuerung zu bewahren, schien dem Synedrium ganz besonders wichtig. Und der Mann, dem es diese bedeutende Mission auftrug, war wiederum Paulus; kein anderer schien dieser Behörde für die Lösung dieser so wichtigen Aufgabe geeigneter. Mit Vollmachten versehen betrat dieser denn auch den Weg nach Damascus, aber nicht, um dort, wie er selbst die Absicht hatte und es das Synedrium zu Jerusalem von ihm erwartete, die Messias= gläubigen gefangen zu nehmen, sondern sie als Brüder zu begrüßen. Denn nicht weit von der Stadt Damascus mehr entfernt, wurde Paulus durch eine furchtbare innere Er= schütterung, die sich bis zu einer Vision steigerte, in der ihm vor seinen Ohren die vorwurfsvolle Stimme des Messias selbst erklang, aus dem wüthendsten Verfolger das eifrigste Mitglied der Messiasgläubigen.

Es erscheint uns also Paulus vor seiner Bekehrung zum Messiasglauben als der pharisäisch gebildete Schriftgelehrte, welcher, die Ankunft des Messias noch erwartend, mit der ganzen Energie eines orientalischen Fanatikers die pseudo= messianischen Gegner bekämpft, aber nicht von egoistischen, subjectiven Interessen getrieben, sondern allein von dem Glauben beseelt, mit dieser Bekämpfung ein Gott wohlge= fälliges Werk übernommen zu haben. —

Zur Vervollständigung seines Bildes vor seiner Be= kehrung gehört auch noch die Erwähnung des Umstandes, daß er vor seiner Uebersiedelung nach Jerusalem verheirathet gewesen, aber auch schon wiederum Wittwer geworden zu sein scheint*).

_____

*) „Schon Luther und die Reformatoren überhaupt schlossen aus 1. Cor. 7, 9, daß Paulus vor seiner Uebersiedelung nach Jerusalem verheirathet gewesen. Wir lesen nämlich an der genannten Stelle: Ich sage aber den Wittwern und Wittwen: es ist ihnen schön, wenn sie bleiben wie auch ich. Daß die Unbeweibten dort die Wittwer sind, ergiebt sich daraus, daß Paulus den Unverheiratheten schon zuvor gesagt hat, es sei ihnen schön, kein Weib zu berühren, daß er dann übergeht zu den Verheiratheten und mit B. 7 anlangt bei den Verwittweten. Danach scheint der Apostel sich selbst unter die Kategorie der Wittwer zu rechnen, und schon Luthers gesunder Sinn hat herausgefühlt, daß Vorschriften über das eheliche Leben, wie sie der Apostel unmittelbar vor jener Aeußerung gegeben hat, im Grunde doch nur in den Mund eines Mannes passen, der selbst verheirathet ist oder war und aus Erfahrung kennt, wovon er redet. Eine unbefangene Lectüre von 1. Cor. 6, 12—7, 10 wird stets dieses Urtheil Luthers bestätigen müssen, und viele andere Stellen der paulinischen Briefe beweisen ein so tiefes Gefühl für das Familienleben und eine so reiche Erfahrung aus demselben,

Zweiter Abschnitt.

Das Leben des Paulus von seiner Bekehrung zum
Christenthum bis zu seinem unter dem römischen Kaiser
Nero im Jahre 64 erfolgten Tode.

Erstes Capitel.

Die Bekehrung des Paulus und die seinen drei
Missionsreisen vorangehende Wirksamkeit im
Dienste des Evangeliums. 37—44.

Der Weg von Jerusalem nach Damascus erforderte 8
bis 10 Tagereisen. Als Paulus nun so dahinwanderte, den
geistigen Aufregungen der letzten Tage, wie sie die Verfolgungen
der Messiasgläubigen nothwendig mit sich gebracht haben
mußten, entrückt, ergriffen von dem tiefen Frieden der Natur
um ihn herum, da mochten wohl auch die verschiedenartigsten
Scenen aus den jüngsten Erlebnissen an seinem Geiste wieder
vorüberziehen. Denn der Paulus, wie wir ihn aus seinen
Briefen kennen, war bei allem Eifer und bei aller Leidenschaft
im innersten Kern doch ein fast weibliches Gemüth und

---

daß dieser Eindruck nur verstärkt wird. Wie genau schildert er 1. Thess.
2, 7, wie die Säugerin das Kind warm hält, ihm Nahrung spendet
und sich jedes Fortschrittes freut. Wie kennt er die Stimmung eines
Mutterherzens, das unmittelbar die Empfindung hat, ihr Kind sei ge=
heiligt, auch wenn sie es von einem unbekehrten Gatten empfangen
hätte (1. Cor. 7, 14). Wie treffend ist die Vergleichung 1. Thess. 5, 3,
wo er die Zeit einem Weibe vergleicht, das wohl weiß, daß sie gebären
wird, aber von der Stunde trotzdem überfallen wird, wenn sie am
wenigsten es denkt. Wie fern läge es doch auch einem Unverheiratheten,
sich einem kreisenden Weibe oder einer säugenden Mutter zu vergleichen,
wie Paulus im Galater= und ersten Thessalonicher = Brief thut, und so
oft darauf zurückzukommen, daß er seine Gemeinden zeuge (1. Cor.
4, 15), Ammendienste an ihnen verrichte (1. Thess. 2, 7) und sie mit
Milch nähre (1. Cor. 3, 2). Ein tiefer Familiensinn geht durch alle
Schreiben des Apostels. Nur zu einem Manne der Erfahrung pflegen
auch alle Alter und Geschlechter jenes Zutrauen zu fassen, das dem
Apostel überall in seinen Gemeinden entgegen kommt."

wahrlich nicht zu solchem Geschäfte geschaffen, wie er es jetzt wieder in Damascus zu erledigen im Begriff war. Da mag ihm denn auch wohl wieder der nur erzwungene Widerruf der Schwachen ertönt sein, ebenso aber auch das muthvolle Bekenntniß derer, welche an ihrer Ueberzeugung festgehalten, da mag er auch wohl wieder das verklärte Angesicht der Märtyrer gesehen und ihren Aufschrei zu dem Messias, als dem ganz nahen Richter der Welt gehört haben. Ganz be= sonders aber mag er, der wohlgewiegte Schriftgelehrte, auch wohl noch einmal die Gründe vor sein prüfendes Auge gehalten haben, die die Messiasgläubigen ihm in den Disputationen über die Messianität Jesu aus der Schrift entgegengehalten hatten. Da fing es an, in ihm Licht zu werden. Der gekreuzigte, vom Volke verworfene Messias, bis dahin als eine Blasphemie Gottes von ihm betrachtet, schien sich ihm nun mit Nothwendigkeit aus Jesaia Cap. 53 zu ergeben, aus der Stelle, die er von den Messiasgläubigen so oft hatte anhören müssen, ohne sie verstanden zu haben. Es wurde ihm klar, daß der Messias nach dieser Stelle allerdings leiden mußte, damit die Menschheit von ihrem Seelenleiden erlöst würde. Und wenn nun der Messias nicht als der glänzende König mehr zu denken war, der die Feinde zum Schemel seiner Füße machen sollte, wenn er in der That, nach der Schrift selbst, gemißhandelt, gequält, von seinem Volke ver= worfen, getödtet werden mußte, konnte dann nun nicht dieser Jesus, bei dem das alles der Fall gewesen war, doch wirklich der Messias sein? Aber Gott hätte doch seinen Erwählten vor den Augen der Welt als solchen durch eine Gottesthat recht= fertigen müssen, warf ihm sein pharisäisches Denken wieder ein. Da tönte ihm wieder die Behauptung der Jünger Jesu in die Ohren, Gott habe allerdings seinen Erwählten gerecht= fertigt, denn er habe ihn ja von den Todten auferweckt, sie selbst, seine Jünger, hätten ihn als den Auferstandenen gesehen. Da wurde es ihm plötzlich zur Gewißheit, daß dieser Jesus von Nazareth, den er für einen Betrüger gehalten, wirklich der Messias selbst sei, daß dessen Anhänger, die er verfolgt und eben wieder zu verfolgen im Begriff wäre, die

wahren Kinder Gottes seien, daß er dagegen in frevelhafter
Verblendung gegen sie, gegen ihren Meister, den
Messias, gegen Gott selbst gewüthet habe. Eine namenlose
Angst ergriff ihn ob der Seelenqual, die sein Inneres nun
durchwühlte, sein ganzes Ich verfiel einer furchtbaren Er=
schütterung. Alte Stimmen tönten nach, neue Stimmen
tauchten auf, schreckliche Bilder der jüngsten Tage, gellende
Schmerzensrufe, verzückte Blicke und was sonst noch alles
mußte durcheinander wirken in einem solchen Bewußtsein,
das diese Tage hinter sich, diese Gedanken in sich und diese
Arbeit vor sich hatte! Immer näher kam er dabei der Stadt
Damascus. Jetzt sollte er wieder seine Blutarbeit beginnen,
jetzt sollte er dem Synedrium in Damascus Anzeige machen,
jetzt sollte er wieder einkerkern, foltern, hinrichten und mit
diesem Zwiespalt im Herzen in die verklärten Märtyrer=
gesichter sehen, denen der Himmel offen zu stehen schien. Diese gewal=
tige Aufregung des Geistes ertrug sein Körper nicht mehr. Es
schwand Damascus, die Erde, die Welt — der Himmel füllte das
Sehfeld aus und aus dem offenen Himmel trat die Lichtge=
gestalt des Messias mit den Worten vor ihn hin: Ich bin's,
Jesus, den du verfolgst. Es wird dir schwer werden, wider
den Stachel zu löcken. Er stürzte nieder und Andere mußten
ihn nach Damascus hinein führen. Die Seelenqual aller
dieser Widersprüche mußte sich lösen oder das stärkste Gefäß
zersprang von diesen auseinanderstrebenden Kräften. Paulus
war Visionär, und das war seine Rettung*).

---

*) Daß Paulus mit einem Leiden behaftet war, dessen Anfälle
ihm das Bewußtsein raubten, sagt er selbst 2. Cor. 12, 7 f., wo er es
als ein dämonisches bezeichnet. Daß er bei diesen räthselhaften Zufällen
des Körpers ferner auch außerordentliche Offenbarungen (Visionen)
hatte, geht aus der Verbindung hervor, in die er selbst beides, die
körperlichen Zufälle und die Offenbarungen, miteinander setzt (2. Cor.
12, 3. 7—9). Daß diese Zustände letzlich pathologischer Art waren, ist
nach den Beschreibungen, die er selbst 2. Cor. 12, 3; Gal. 4, 13 f. von
ihnen giebt, kaum zu bezweifeln. Sie erinnern sogar entschieden an die
Visionen Muhammeds, den auch der Engel bei den Offenbarungen quält,
so daß ihm der Schaum vor dem Munde steht und der Prophet um
sich schlägt, bis ein fester, todtenähnlicher Schlaf den Erschöpften wieder=

Als ein erbitterter Gegner des Messias hatte Paulus Jerusalem verlassen, als das ergebenste Werkzeug desselben kam er in Damascus an. Nicht ein Licht nach dem andern war ihm angezündet worden, sondern ein Blitz, der plötzlich in ihm aufleuchtete, hatte ihn zum Christen gemacht. In Damascus blieb Paulus nur kurze Zeit. Der Mann, der gekommen war, um die Anhänger des falschen Propheten auszurotten und der nun selbst als Anhänger desselben auftrat, mußte bei den ungläubigen Juden dort natürlich einen Sturm des Unwillens erwecken. Und dieser Unwille mußte bei ihnen um so größer sein, ein je entschiedeneres Vorgehen gegen die abtrünnige Secte sie gerade von ihm erwartet hatte. Und nun war er selbst ein Mitglied derselben geworden! Der Volksälteste gab denn auch Befehl, den Apostaten des Synedriums zu verhaften. Nach dem Gesetz Mosis erwartete ihn die Strafe der Steinigung, mochte sie nun von den Juden zu Damascus oder von denen zu Jerusalem an ihm vollzogen werden. Alle Ausgänge der Stadt wurden besetzt, damit der Apostat nicht entwiche. Doch seine Stunde, für das Bekenntniß Christi den Märtyrertod zu erleiden, war

---

herstellt. Aehnliche Zustände werden auch von den meisten Visionären des Mittelalters berichtet. „Der ganze Lebensprozeß zieht sich bei diesen sensiblen Naturen, wenn die geistigen Aufregungen anfangen, ihren Körper zu erschüttern, in das überreizte Gehirn zurück, das dann durch seine spontane Thätigkeit von innen her einen solchen Reiz auf die Augennerven und Gehörnerven ausübt, daß Bilder und Stimmen von selbst sich erzeugen. Gleichzeitig aber stellen alle sensiblen und motorischen Nerven ihre Thätigkeit ein, und der überreizte Zustand des Gehirns endet schließlich in einem epileptischen Anfalle oder in Starrkrampf, der in Schlaf übergeht. Von tiefsinnigen und reichen religiösen Geistern, wie von Ansgar, Bernhard, Franziskus, Katharina von Siena und dem Antitrinitarier David Joris werden alle diese Zustände in fast übereinstimmender Weise erzählt, so daß es schwer sein dürfte, einen inneren Zusammenhang zwischen dem aufreibenden Gemüthsleben des religiösen Genies und der es so oft verfolgenden Zerrüttung seiner feineren Organe zu leugnen. Aber nicht bloß von visionären Heiligen des Mittelalters, auch von Heroen des Gedankens, wie Socrates, Julius Cäsar und Napoleon sind ähnliche Zufälle und eine bis zur Aufreibung sich steigernde Traumthätigkeit bekannt."

noch nicht gekommen. Und so entging er den Nachstellungen
der ungläubigen Juden von Damascus. Des Apostels neue
Gesinnungsgenossen wußten nämlich eine befreundete Wohnung,
aus der sich ein Fenster durch die Stadtmauer öffnete. Durch
dasselbe wurde er in einem Korbe ins Freie hinabgelassen
und entwich so. Aber welche Angst mag er ausgestanden haben
in diesen Tagen, wo man auf ihn fahndete, in der Nacht, wo
er seinen Feinden so zu entkommen suchen mußte! „Diese nächtliche Fahrt im Korb, die hohe Stadtmauer hinunter, während
unten vielleicht die jüdischen Späher bereits seiner warteten,
um ihn in Empfang zu nehmen und ihn zur Steinigung zu
schleppen, blieb ihm stets in furchtbarer Erinnerung, und er
hat sie noch nach zwanzig Jahren ausführlicher geschildert,
als alle anderen von ihm aufgezählten Leiden, ausführlicher
selbst als die Steinigung, die er einmal erduldete, und als
den Schiffbruch, bei dem er einen Tag und eine Nacht auf
dem Meere umhergeworfen wurde.“

Von Damascus begab sich der bekehrte Paulus auf
mehrere Jahre nach der römischen Provinz Arabien, und zwar
nach dem Theile, dessen nächste an der großen Straße gelegene
Stadt Pella war. Als später, vom Jahre 66 ab, der jüdische
Krieg entbrannte, befand sich in diesem Städtchen eine christliche Gemeinde; auch hat diese Stadt wahrscheinlich der Apostel
Johannes in seiner Apokalypse im Sinne da, wo er von
einem Orte redet, der von Gott bereitet sei, das Weib, d. i. die alt-
testamentliche Theokratie und deren Fortsetzung, die christliche
Kirche (vgl. Röm. 11, 16) zwei Zeiten, eine Zeit und eine
halbe Zeit zu verbergen. Ob Paulus sich nun gerade in
Pella selbst aufgehalten hat, das wissen wir nicht. Es ist sehr
gut denkbar, daß er auch weiter nach Süden gezogen ist. Da
er nämlich später noch, in seinem Briefe an die Galater
(vgl. 4, 21), mit einer gewissen Anschaulichkeit den unfruchtbaren Sinai mit der Unfruchtbarkeit des mosaischen Gesetzes
in Beziehung setzt und auch den arabischen Lokalnamen des
heiligen Berges erwähnt, so wäre es wohl möglich, daß er
in jenen Jahren, die er in Arabien zubrachte, sich auch den
jüdischen Pilgern angeschlossen, die in Schaaren jährlich durch

das Peträische Arabien den Weg nach der Sinaihalbinsel
einschlugen und durch die kahlen, mit uralten Inschriften be=
deckten Felsthäler der Sinaiwüste nach den heiligen Bergen
Sinai und Horeb zu wallfahrten pflegten. Wie dem nun
auch sein mag, mag Paulus sich in dieser Zeit in Pella oder
weiter im Süden, in der Nähe des Sinai=Gebirges, oder
abwechselnd an beiden Orten aufgehalten oder nicht, sicherlich
ist er immer in der Nähe der Straße nach Damascus
geblieben, da er nach Ablauf seines arabischen Aufenthaltes
wieder nach dieser Stadt zurückkehrte. Mission hat er aber
auf diesen Wanderungen nicht getrieben. Es war vielmehr
ein Rückzug vor der Welt. Wie sich einst Johannes der
Täufer in die Wüste zurückgezogen hatte, als ihn der Geist
ergriff, wie sodann auch Jesus Christus selbst die Wüste auf=
gesucht hatte, um sich für seinen göttlichen Beruf zu sammeln,
das Reich des Himmels zu verkündigen, so hatte wohl damals
auch der Apostel Paulus das dringende Bedürfniß, nach
so gewaltigen Umwandlungen, wie er sie eben durchlebt, eine
Zeit lang in der Stille und Abgeschiedenheit zuzubringen,
um das aufgewühlte Meer seines Innern sich erst wieder
beruhigen zu lassen. Im Uebrigen entzieht sich dieser Theil
des Lebens des Paulus um so mehr der geschichtlichen Kunde,
als damals der Krieg zwischen den Arabern einerseits und
Antipas und Vitellius andererseits gerade dieses Gebiet
in größter Aufregung erhielt. Wir erfahren daher nur, daß
Paulus aus Arabien wieder nach Damascus zurückkehrte.
Jetzt, drei Jahre nach seiner Bekehrung, beschloß er, nun auch
wieder, aber in aller Stille, Jerusalem aufzusuchen.

Nach Jerusalem trieb es ihn jetzt, um, wie er selbst
sagt (Gal. 1, 18), den Apostel Petrus kennen zu lernen.
In aller Stille suchte er denselben aber auf, weil ihn der Fanatismus
der ungläubigen Juden immer noch das Schlimmste befürchten
lassen mußte. Indessen konnte er grade damals um so leichter
in Jerusalem unbemerkt bleiben, als im Jahre 39 die gesammte
Bevölkerung Judäa's sich in leidenschaftlicher Aufregung befand
über die Absicht des römischen Kaisers Caligula, sein Bildniß
im Tempel zu Jerusalem aufzustellen. Denn während auf

die Nachricht, die zur Entweihung des Tempels bestimmte
Statue sei da oder dort unterwegs, die Bevölkerung bald
hier bald dort zusammenströmte und Wochen lang zusammen=
stand, um erst in Ptolemais, dann in Tiberias, dann in
Antipatris eine große Judenklage anzustimmen, dachte niemand
daran, sich um die Christen zu kümmern. So blieb denn auch
Paulus unbehelligt. Da er sich aber vorgenommen, nicht
mit der ganzen dortigen Gemeinde in Beziehung zu treten,
so verkehrte er, außer mit dem Apostel Petrus, nur noch
mit Jacobus, dem Bruder des Herrn Jesu Christi. Und welches
wird wohl der eigentliche Zweck gewesen sein, den Paulus mit diesem
Besuche in Jerusalem verband? Wenn er so aus dem Apostel=
und aus dem Familienkreise Jesu je einen Repräsentanten
aufsucht, so giebt sich darin gewiß die ernstliche Absicht zu
erkennen, sich auch über die geschichtlichen Voraussetzungen
seines neuen Glaubens eine sichere Kunde zu erwerben. In
seinen Briefen schiebt er freilich das Historische zur Seite,
deducirt er die Messianität Jesu mehr aus dem Alten Testamente,
als aus dem Leben Jesu selbst, hebt er von den einzelnen
Daten des Lebens Jesu hauptsächlich nur den Tod desselben
als für den Christen bedeutungsvoll hervor. Aber der Grund hiervon
war nicht etwa eine mangelhafte Kenntniß des historischen
Verlaufes des Lebens Jesu Christi, sondern einzig und allein
die speculative Richtung seines Geistes, der nicht in That=
sachen, sondern in religiösen Postulaten dachte. Denn daß
er gegebenen Falles auch das Geschichtliche bis in's
Detail zu geben wußte, beweist seine eigene Aeußerung an
die Galater, er habe ihnen Jesum so vor die Augen gemalt
als den Gekreuzigten, daß er nie geglaubt, fürchten zu müssen,
sie würden sich wieder zu einem anderen Evangelium wenden
(vgl. Gal. 3, 1). Und seine Kunde umfaßt das ganze Leben
Jesu. Er erwähnt die Davidische Abstammung (Röm. 1, 3;
9, 5) und weiß von der Taufe, die er selbst an Anderen
wiederholt und in seinen Reden symbolisch allegorisch ver=
werthet (Col. 2, 11; 1. Cor. 10, 2; Röm. 6, 3. 4; 1. Cor.
12, 13; Gal. 3, 27). Er kennt die Reichspredigt und die
Aussendung der Apostel und ihre Ausrüstung mit Gewalt

über die Geister (2. Cor. 12, 12; 1. Cor. 12, 10; Gal. 3, 5)
und hat sich so gewöhnt, sie die Zwölfe, wie zur Zeit Jesu,
zu nennen, daß er diesen Ausdruck auch dann noch brauchte,
als er gar nicht mehr zutraf (1. Cor. 15, 5). Das arme
Leben Jesu (Phil. 2, 4—8), der Geist der Milde und Lindig=
keit, der es durchwaltete, die selbstvergessende, demüthig
dienende Liebe, die es eben zum Leben Jesu macht, das
Alles ist dem Apostel vollkommen gegenwärtig (2. Cor. 5,
14 f.; Gal. 2, 20; Phil. 2, 8). So weiß er denn auch besser
als selbst die Evangelien in der Passionsgeschichte Bescheid.
Wenigstens entscheidet seine Erzählung über das Abendmahl
Jesu, in der Nacht, da er verrathen ward, correct alle
Differenzen der Synoptiker (1. Cor. 11, 23); es ist ihm nicht
unbekannt, daß es die Archonten dieser Zeit waren und nicht
das Volk, das Jesu Tod wollte (1. Cor. 2, 8), und der
Verrath des Judas (1. Cor. 11, 23), die Schmähungen des
Gekreuzigten (Röm. 15, 3), sein Schwachwerden am Marter=
Holz (2. Cor. 13, 4), an das die Handschrift des Proconsuls
genagelt ist (Col. 2, 14), — das Alles steht ihm so lebendig
vor der Seele, daß er es auch Anderen vor die Augen zu
malen vermochte. Am pünktlichsten und klarsten aber ist
namentlich seine Aufzählung der Erscheinungen des Aufer=
standenen (1. Cor. 15, 3). Zwei Erscheinungen, die des
Jacobus und der 500 Brüder, kennen wir sogar nur durch
ihn, da dieselben den kanonischen Evangelien bereits verloren
gegangen sind. Nicht minder pünktlich aber als seine Kenntniß
der Geschichte Jesu ist auch die der Sprüche des Herrn,
und er hat sich sichtlich bemüht, über alle wichtigen Fragen
die Weisungen Jesu zu erkunden. Wo er eine solche nicht
hat, hebt er das immer ausdrücklich hervor (1. Cor. 7, 25).
    Nachdem Paulus sich so während seines doppelten Auf=
enthaltes zu Damascus, namentlich aber während des 15 Tage
währenden Aufenthaltes zu Jerusalem im Verkehr mit Petrus
und Jacobus über alles dasjenige hinlänglich in Kenntniß
gesetzt hatte, was man überhaupt vom Leben Jesu wußte,
verließ er im Jahre 39 Palästina wieder, um sich, wahr=
scheinlich über Cäsarea (Palästina), nach Antiochien in Syrien

und von dort nach seiner Heimath Tarsus in Cilicien zu be=
geben. In Syrien, wie in Cilicien verkündigte er nun seinen
Stammes= und Glaubensgenossen die Kunde von dem er=
schienenen Messias (vergl. Gal. 1, 21). Namentlich entwickelte
er in einer Heimath Cilicien bald eine so bedeutende Missions=
thätigkeit, daß man selbst in Jerusalem die Augen auf
ihn richtete, als auf einen Hauptträger der Sache Jesu. Die
Gemeinden in Judäa, die ihn persönlich nicht kannten, hörten,
so heißt es, von seiner erfolgreichen Thätigkeit und priesen
Gott um seinetwillen. Eine nachweisbare Frucht dieser
Mission, die die Aufmerksamkeit so weiter Kreise auf sich zog,
war die Gründung einer cilicischen Kirche, deren Mittel=
punkt selbstverständlich im Judenviertel zu Tarsus zu suchen
ist. Den Kern dieser cilicisch=tarsischen messiasgläubigen Juden
scheint der allernächste Verwandtschaftskreis des Paulus selbst
gebildet zu haben. Wenigstens erwähnt Paulus (2. Cor. 8, 18)
seinen Bruder als einen Mann, dessen Lob in der Sache des
Evangeliums durch alle Gemeinden gehe und dessen Ernst er
selbst bei vielen Gelegenheiten erprobt habe. Diese ersten
christlichen Verbände in Cilicien traten dann mit den Christen
in Syrien, besonders mit denen in Antiochien in ein inniges
Verhältniß (vgl. Gal. 2, 1). Antiochien, die Hauptstadt
Syriens, bildete nun gleichsam den Mittelpunkt für alle Christen
außerhalb Palästinas, so daß man bald im Inneren
Kleinasiens darauf Gewicht zu legen pflegte, wie sich in der
einen oder andern Frage die Gemeinde zu Antiochien ent=
schieden habe. Antiochien ist es denn auch, von dem zuerst
die Impulse einer planmäßigen Verkündigung des Evangeliums
unter den Glaubensgenossen außerhalb Palästinas ausgegangen
sein sollen. Der Weltverkehr, in den diese Stadt mitten
hineingestellt war, brachte dorthin so viele Kunde davon, wie
das Wort des Herrn, mit Paulus zu reden, laufe, daß sich
in ihr ganz von selbst der Gedanke erzeugte, das Schicksal
des Evangeliums nicht mehr der zufälligen Verbreitung zu
überlassen, sondern eine eigene Mission zu organisiren, die
von Synagoge zu Synagoge die Judenschaften belehre, der
Messias, dessen Israel harre, sei erschienen. Derjenige, welcher

diese Idee der antiochenischen Gemeinde auf's lebhafteste auf=
griff und ihre Verwirklichung zu seiner Lebensaufgabe machte,
war wiederum Paulus. Ob er nun gerade mit einer aus=
drücklichen Vollmacht der antiochenischen Gemeinde auszog,
das könnte bezweifelt werden. Die Apostelgeschichte sieht ihn
gern in solchen engen Beziehungen zu seinen Vorgängern,
aber Paulus selbst leugnet gerade den damals gegründeten
Gemeinden gegenüber, daß er mit irgend welcher menschlichen
Bestallung zu ihnen gekommen sei. Daß indessen ein gewisses
Abhängigkeitsverhältniß zwischen den neuen Stiftungen und
der syrischen Muttergemeinde doch bestand, geht aus den
eigenen Briefen des Paulus hervor.

Zweites Capitel.
Die erste Missionsreise des Apostels. 44—53.

Paulus ist seit dem Jahre 39 war als Missionar thätig
gewesen, zuerst in Syrien und dann in Cilicien. Um das
Jahr 53 sehen wir ihn dann von einer größeren Missions=
reise durch die römischen Provinzen Cypern und Galatien
wieder in Antiochien in Syrien eintreffen. Gewöhnlich
nennt man nun diese Reise die erste Missionsreise des Paulus.
Das ist aber ungenau. Denn Paulus ist seit dem Jahre 39
unablässig thätig gewesen, das Evangelium zu verkündigen,
und hat daher offenbar zu diesem Zwecke mehr als eine Reise
in dieser Zeit unternommen. Wir sind mithin über diese
14jährige Missionsthätigkeit des Paulus, vom Jahre 39 bis
zum Jahre 53, ohne genügende Kunde geblieben und erfahren
erst gegen das Ende dieser Periode von einer der vielen
Reisen des Apostels etwas Näheres. Man nannte nun später
diese Reise die erste Missionsreise des Paulus, weil man eben
von den früheren nichts wußte.

Diese sogenannte erste Missionsreise nun unternahm
Paulus mit noch 2 anderen Christen, nämlich mit Bar=
nabas und Johannes Marcus. Barnabas, eigentlich
Joses geheißen, war aus Cypern gebürtig, also ein Hellenist
oder ein griechisch redender Jude der Diaspora, von dem
Stamme Levi, der schon dem ältesten Stamme der Urgemeinde

zu Jerusalem angehört und sich dort durch seine Opferwilligkeit
auch einen guten Namen erworben hatte (vergl. Apostelgesch.
4, 36 f.), der ferner, als sich zu Antiochien in Syrien auch
eine christliche Gemeinde gebildet hatte, unabhängig von der
jerusalemitischen, von der letzteren dorthin abgeordnet worden
war, um die Leitung dieser neuen Gemeinde in seine Hand zu
nehmen (Apostelg. 11, 22 f.), und der wohl auch in dieser Zeit
die Bekanntschaft des Paulus gemacht hatte. Johannes
Marcus war aus Jerusalem, der Sohn einer mit dem eben
erwähnten Barnabas verwandten (vergl. Col. 4, 10) Christin,
Namens Maria, die zu Jerusalem eine Herberge der Brüder
hatte.

Die 3 Männer fuhren von Antiochien aus zunächst
den Orontes stromabwärts bis zur Hafenstadt Seleucia,
eine kleine Tagereise von der syrischen Provinzialhauptstadt
entfernt, am mittelländischen Meere gelegen. Von Seleucia
wählten sie ein Schiff nach Cypern. Nach dieser Insel gerade
hinüberzusetzen, dazu boten sich ihnen zahlreiche Motive. Einer
der alten Jünger, Manahen (Apg. 13, 1), war dort zu
Hause, Barnabas selbst war Cypriote, und unter den
Gründern der antiochenischen Gemeinde stammten gleichfalls
einige von dort her. So begann man denn damit, die in
Cypern bestehenden Gemeinschaften aufzusuchen, um dann
den Versuch zu machen, neue zu gründen. — Der östliche
Hafen der Insel, in den die syrischen Schiffe einzulaufen
pflegten, war Salamis. Hier stand der Tempel des sala=
minischen Jupiter. Außerdem befanden sich auf der Insel noch
zwei andere hochgefeierte Heiligthümer, nämlich das der Venus
Amathusia und das der paphischen Liebesgöttin. Ihre
Tempel wurden besonders von der Matrosenwelt besucht.
Uebrigens standen auch die alten Heiligthümer der Insel noch
in großem Ansehen. Das fruchtbare und durch seine Producte, wie
durch seine Schiffswerfte berühmte Eiland hatte von Alters
her auch eine starke jüdische Bevölkerung, die, gerade den an=
stößigsten Culten des Heidenthums hier gegenübergestellt,
sicher auch einen zahlreichen Proselytenkreis um sich versammelt
hatte.

Ueber die Art der Wirksamkeit der drei Glaubensboten
in der Heimath des Barnabas fehlen uns die Nachrichten.
Ob die einzelnen sich vertheilten, wie sie sonst wohl thaten,
oder ob sie gemeinsam auszogen, ob sie, wie die Apostel-
schichte voraussetzt, vorwiegend im Synagogengottesdienst sich
an die israelitischen Gemeinden im Ganzen wendeten oder ob
sie in der Stille des jüdischen Hauses oder in dem öffentlichen Austausch, wie er des Abends im Judenviertel gewöhnlich
war, Anhänger warben, das alles ist aus keinem älteren
Zeugniß mehr zu ersehen. Doch war die privatere Art des
Verkehrs nach Ausweis der Paulinischen Briefe diejenige, die
der Apostel Paulus als die wirksamste vorzog. Darnach
haben wir auch hier wohl mehr an ein Werben im Stillen,
als an ein Reden zu allem Volk zu denken. Ueber die
Gemeindestiftungen auf Cypern erfahren wir auch nichts.
Soweit aber Gemeinden entstanden sind, haben sie wahrscheinlich alle ein judaistisches Gepräge erhalten, d. h. sie
hielten alle nach wie vor auch noch an der Beobachtung des
Mosaischen Gesetzes fest. Das ergiebt sich schon daraus,
daß Barnabas, der doch hier, im Lande seiner Jugend und
seiner Verwandtschaft, in erster Linie wirksam sein mußte,
Judaist war, ferner auch daraus, daß Paulus späterhin
in keinem seiner Briefe auf die dortigen Brüder Bezug
genommen hat.

Nach einem Aufenthalte, dessen Dauer sich nicht mehr
näher bestimmen läßt, setzten die drei Sendboten nach Pamphylien über, nicht, um dort ebenfalls ihre Missionsarbeit
auszuüben, sondern nur, um durch dasselbe in das Innere
von Kleinasien zu gelangen. Phamphylien hieß die südliche
Abdachung des Taurus, westlich von Cilicien; es war
ein schmaler Küstenstrich zwischen dem Berglande Pisidien
und dem mittelländischen Meere. Die Hauptstädte dieser Landschaft waren Attalia und Perge, die eine am Meere selbst,
am Ausfluß des reißenden Katarrhaktes gelegen, die andere
sechzig Stadien oberhalb der Mündung des Cestrus, eines
Flusses, der breite Flöße und stattliche Schiffe zu tragen vermochte. Das Flußthal des Cestrus und die Schlucht des

Katarrhaktes bildeten von dieser Küste her die einzigen
Zugänge in das pisidische und lycaonische Hochland.
Durch beide Einschnitte zogen vom Gebirge her Straßen nach
Perge und Attalia hinab an's mittelländische Meer, auf
welchen unternehmende Händler, auch Juden, die reichen
Producte des Hinterlandes, wie Holz, Stämme, Oel, Harz,
Styrax, Iriswurzel, Häute, Wolle und Angora nach der
Küste schafften. Obwohl Attalia dem Meere zunächst lag,
war doch auch Perge ein bedeutender Handelsplatz, da der
Cestrus, in Verbindung mit zahlreichen Binnenseen, einen
natürlichen Kanal bildete, der bis tief nach Pisidien hin=
reichte und eine verhältnißmäßig günstigere Straße nach dem
Inneren eröffnete. Außerdem war Perge zugleich auch eine
der Diana heilige Stadt und hatte so eine ähnliche hierar=
chische Bedeutung wie Ephesus. Hinter der Stadt Perge
erhob sich der Taurus. Ein Gewirr von Thälern, Hoch=
ebenen und Gebirgszügen trat dem Wanderer hier entgegen. Zur
Zeit des Apostels nun waren diese Gegenden noch geradezu
verrufen. Dem Namen nach waren sie allerdings den Römern
unterworfen, in Wirklichkeit aber trotzten bort, durch unzugäng=
liche Schluchten und Thäler geschützt, wilde und tapfere Berg=
völker, wie die Selgenser, die Homonadeer, die Isaurier
und die Cliten, noch furchtlos der römischen Macht. Der ganze
District war eine Art von römischem Kaukasus, mit dem der
Krieg nicht aufhörte.

Durch diese unwegsame Gegend, durch dieses Gebiet, das,
wie kein zweites in Kleinasien, noch im Zustande ungebrochenster
Wildheit verharrte, in dem endlich jeder Stamm zäh an
seinem alten Dialecte festhielt, so daß dem griechisch redenden
Wanderer auch noch jeder mündliche Verkehr abgeschnitten
war, nahmen nun die Missionare ihren Weg, um nach
Pisidien und die angrenzenden Landschaften vorzudringen
und die Volksgenossen dort aufzusuchen, die noch nichts vom
Messias gehört hatten. Doch nicht alle 3 mehr, sondern nur
Paulus und Barnabas allein noch. Zurückgeschreckt durch die
Schwierigkeiten dieser rauhen Gegend, durch ihre wilden Be=
wohner, durch ihre unverstandene Sprache, vielleicht auch nicht

ganz einverstanden mit der liberalen Missionspraxis, wie sie
Paulus voraussichtlich beobachten würde, hatte nämlich
Johannes Marcus seine beiden Begleiter in Perge ver-
laffen und seine Schritte wieder nach Jerusalem zurückgelenkt.
Zu billigen ist diese Handlungsweise des Johannes Marcus
gewiß nicht, aber dennoch zu begreifen. Denn daß hier die
Schwierigkeiten, die Strapazen und die Gefahren in der That
mannigfach gewesen sein mögen, daß da also wohl auch ein
noch in jüngerem Alter stehender Mann, wie es damals bei
Marcus der Fall war, den Muth verlieren konnte, das be-
greift sich aus den Worten des Paulus selbst. Denn aller
Wahrscheinlichkeit nach hat man gerade an die Reise in
diesen Gegenden zu denken, wenn er berichtet (2. Cor. 11, 26),
er sei als Diener Christi erprobt worden durch Gefahren auf
Flüssen, durch Gefahren unter Räubern, durch Gefahren unter
Juden, durch Gefahren unter Heiden, durch Gefahren in
Städten, wie durch Gefahren in der Wüste. — Von Pamphylien gelangten Paulus und Barnabas, den
Kamm des Taurusgebirges unter vielen Mühen erklimmend,
nach der römischen Provinz Galatien. Die eben durch-
wanderte Provinz Pamphylien bildete nämlich nur ein
Vorland zu der Galatischen. Denn da Galatien Häfen
am Mittelmeer brauchte, so war schon dem Galaterkönig
Amyntas eine Reihe pamphylischer Seestädte von den
Römern zugewiesen worden, und aus gleichem Grunde
wurden zur Zeit des Apostels beide Provinzen auch meist
von ein und demselben Proconsul verwaltet.

Das erste Gebiet, welches Paulus und Barnabas, das
Cestrusthal aufwärtswandernd, in Galatien betraten,
war das von Oberpisidien, bewohnt von den freiheits-
liebenden Selgensern. Die Bergstadt Selge selbst
lag noch am südlichen Abhang des Taurus und bildete
ein Hochland von wunderbarer Frische und Fruchtbarkeit.
Im Nordwesten davon lag Sarbemisus, wo die noch wenig
cultivirten Solymer hausten, struppigen, rundgeschorenen
Haares. Noch weiter nördlich über den Landschaften der Selgenser trafen die beiden Wanderer auf die Hamonaber,

das roheste aller pisidischen Völker, denn diese wohnten nicht
in Städten, sondern nur in Höhlen und unzugänglichen
Felswerken. Ihre 44 Castelle waren der Schrecken der um=
wohnenden Bauern und Hirten, die sie von ihren schwer
zugänglichen Bergrücken her brandschatzten. Endlich war der
Kamm des Taurus erstiegen. Auf der andern Seite nun
hinabwandernd, kamen unsere Glaubensboten nach der freund=
lichen Landschaft Großphrygien. Im Norden derselben
lag die Stadt Antiochien, die von den Römern zur Freistadt gemacht
worden war, als Antiochus Asien diesseits des Taurus
hatte abtreten müssen. Unter Augustus war dann die
Stadt zur römischen Colonie geworden, mit dem Namen
Cäsarea. Seitdem hatten sich unter dem Schutze der
römischen Veteranen dort zahlreiche Juden angesiedelt, die
sich einer eigenen Synagoge erfreuten und ohne Zweifel einen
schwunghaften Handelsverkehr durch das Cestrusthal nach
Perge und durch das Thal der Mäander nach Ephesus hin
unterhielten. Den eigentlichen Kern der Provinz Galatien
bildete aber die östlich von der Stadt Antiochien im Centrum
Kleinasiens gelegene Landschaft Lycaonien, mit der Haupt=
stadt Iconium und den in ihrem südlichen Theile gelegenen,
für die Wirksamkeit unserer beiden Missionare auch noch in
Betracht kommenden Städten Lystra und Derbe. Während
Lycaonien sonst kalt und wasserarm war, war die Um=
gegend von Iconium fruchtbar. Wir befinden uns nämlich hier
in den Gegenden, in denen die ersten Kreuzfahrerheere des
Mittelalters zu Grunde gingen, aus deren Geschichte ja auch
die Oase von Iconium bekannt ist. Unter dem römischen Kaiser
Claudius war Iconium ebenfalls, wie unter Augustus Anti=
ochien, eine römische Colonie geworden und hatte zum Schutze
gegen die räuberischen Isaurier und Cliten auch eine römische
Garnison erhalten. Auch hier war, wie zu Antiochien, eine zahlreiche
Judenschaft mit eigener Synagoge ansässig, die ohne Zweifel
mit Tarsus, der nächsten großen Judengemeinde jenseits des
Taurus, in regem Verkehre stand. Lystra lag hart an der
Grenze der Isaurier, so daß es Ptolemäus sogar zu
Isaurien wirklich hinzurechnete, acht Stunden von Iconium ent=

fernt. Nahe dabei, aber schon tiefer im Gebirge, an der
Grenze Cappadociens, lag Derbe, das eine Weile der Sitz
eines Clitenhäuptlings gewesen war, der die f. g. cilicischen
Thore (Pylae Ciliciae), das heißt: den tarsischen Handel
lange Jahre hindurch gebrandschatzt hatte. Im Norden von
Phrygien und Lycaonien begann das Stromgebiet
des Halys mit seinen zahlreichen Nebenflüssen. Das Plateau
dachte sich allmählich gegen das Schwarze Meer hin ab, und
das breite Stromthal des Halys mit seinen Seitenthälern
erinnerte durch seine reichen Waldungen und Eichenhaine
vielfach an deutsche Landschaften. Die hellere Hautfarbe der
Celtischen Nachkommen, gemischt mit blonden, helläugigen
Germanen, die mit ihnen hier angesiedelt worden waren, deuteten
denn auch auf die Geschichte der gallischen Wanderung zurück.
Dieses Gebiet führte den Namen Galatien oder Gallo=
Graecien, und von ihm bekam denn späterhin auch diese
ganze römische Provinz den Namen Galatien, alle die
verschiedenen Stämme derselben aber den gemeinsamen Namen
Galater. In dieses eigentliche Galatien aber kamen
Paulus und Barnabas nicht hin, sondern sie hielten sich
vielmehr nur im Süden dieser römischen Provinz Galatien auf,
in Oberpisidien, Phrygien und Lycaonien.
Auch Paulus allein, als er diese Gegenden später ohne
Barnabas wieder bereiste, hat sich immer nur in den eben genannten,
im Süden Galatiens gelegenen Landschaften aufgehalten, nie=
mals aber in dem eigentlichen Galatien. Die Bewohner
dieser Landschaften, unter denen Paulus und Barnabas nun
ihre Missionsthätigkeit entfalten sollten, mehr, als unter den
in diesen Districten seßhaften Juden, waren, wie die letzteren,
ihrem Wesen nach ebenfalls Orientalen und hatten wenig gemein
mit den geistreichen Hellenen oder den kalt berechnenden Römern.
Hatten sich die Römer und die Hellenen die Herrlichkeit des unver=
gänglichen Gottes bereits unter dem Bilde seines vollkommensten
Geschöpfes veranschaulicht, unter dem des Menschen, so waren
diese kleinasiatischen Stämme dagegen noch in dem tiefsten
Naturdienste befangen. Sie dienten noch jenen uralten
phrygischen Gottheiten, die zu Antiochien und Iconium

ihre Heiligthümer hatten, dem Lunus=Attes (Sabazius), d. h.
der wechselnden Scheibe des Mondes, und der Rhea=Cybele,
d. h. der Göttin des wiederkehrenden Naturlebens. Im Früh=
ling fand das Hauptfest der gemeinsam gefeierten Gottheiten statt,
ein toller Naturdienst, bei dem der rauschende Ton der
Cymbeln und Handpauken, der Pfeifen und Hörner die
enthusiastischen Tänze der verschnittenen Priester begleitete.
Mehrmals jährlich rannten die wilden Schaaren der Gallen
durch Fluren und Berge und füllten Dörfer und Städte mit
wildem Getümmel und heiligem Geheul an. Die Weise dieser
Festfeier war also weit entfernt von der festlichen Ordnung
und dem feierlichen Pomp hellenischer Umzüge. Mit dem
Dienste des Mondgottes verband sich außer der üblichen Be=
ziehung auf das sterbende und wieder erwachende Naturleben,
auch noch eine sehr entwickelte astronomische Deutung der
überlieferten Symbole. Selbst die Lärmapparate der Ver=
schnittenen wurden astronomisch gedeutet. So bedeutete das
runde Tympanon den Weltkreis, die Tibia mit ihren Löchern
die Harmonie des Weltalls, die Opfertänze bei dem Auf=
und Niedergang der Sonne die Bewegungen der Gestirne,
und auch der Triganos, das Sistron und die Klapper hatten
ihre mysteriöse Bedeutung, die sich auf die Mondsphäre, die
Bewegung der Elemente und ihre Vierzahl bezogen.
Neben diesem Naturdienste hielt ferner auch noch ein
crasser Aberglaube diese Kleinasiaten gefangen. Zwei Mal
spricht nämlich Paulus selbst in dem später an diese Klein=
asiaten geschriebenen Briefe (dem Galaterbriefe) von den
Zauberkünsten, die einen fascinirenden Einfluß auf die Herzen
dieser abergläubischen Menschen übten, mochten sie nun im
dunkeln Murmeln und Besprechen oder in geheimnißvollen,
abergläubischen Heilungen oder im Gebrauch götzendienerischer
Amulette bestehen (vergl. Gal. 3, 1 ; 5, 20). Außerdem litten diese
Asiaten aber auch noch an sittlichen Schäden. Uebermächtige Sinn=
lichkeit beherrschte sie, Trunkenheit und Schwelgerei waren nichts
Seltenes bei ihnen, und ein leidenschaftlich erregtes heißes Blut,
verbunden mit einem bösen, tückischen Sinne, trieb sie leicht zum
Morde des Gegners. Doch rühmte man an diesen Nach=

kommen der alten Phrygier auch gute Eigenschaften. Sie
waren gutmüthig, gesellig und gastfrei; Geiz, Habsucht und
Hartherzigkeit kannten sie nicht, auch waren sie nicht hoch=
müthig, nicht eitel, noch verleumberisch und schmeichlerisch,
wie die Hellenen. So waren die Leute beschaffen, aus denen hier
vorzugsweise unter der Leitung des Paulus und Barnabas christ=
liche Gemeinden gebildet werden sollten, denn die Juden dieser
Gegenden zeigten sich dem Evangelium von dem erschienenen
Messias durchaus abgeneigt. — Als nun Paulus und Barnabas
den Taurus hinabgeschritten waren, machten sie zuerst in
Antiochien Station, indem sie in der dortigen Synagoge
verkündigten, daß die Verheißungen, deren Israel wartete, jetzt
in Erfüllung gegangen, daß in Jesu von Nazareth der Messias
erschienen sei. Man hörte dort Anfangs auch auf diese neue Kunde,
bald aber waren für dieselbe nur noch Schmähreden vorhanden.
Nun wandten sich die beiden Missionare mit ihrer Predigt an
die heidnischen Einwohner der Stadt, indem sie sich dabei an
Jes. 49, 6 erinnerten, wo es heißt: „Ich habe dich den Heiden
zum Licht gesetzt, daß du zum Heil werdest bis zu den Enden
der Erde.“ Sodann kam aber hier auch noch ein besonderer
Umstand hinzu, der die Bildung einer christlichen Gemeinschaft
gerade aus den Nichtjuden dieser Stadt beförderte. Paulus
wurde nämlich hier in Antiochien krank, so krank, daß er das
Zimmer hüten mußte. Die sich nun daselbst um sein Krankenlager
versammelten, waren aber nicht Juden, es waren vor=
zugsweise heidnische Einwohner der Stadt. Aus der
Synagoge werden wir mithin in die Krankenstube des Paulus
versetzt, als den eigentlichen Ort der Gemeindestiftung zu
Antiochien. Von diesem engen Kreise aus verbreitete sich dann
der Glaube an den erschienenen Weltheiland immer weiter
unter den Heiden. Wunder und Zeichen geschahen,
Heilungen und Bekehrungen einziger Art traten ein, so daß
zwischen dem Paulus und seiner Gemeinde kein Zweifel mehr
stattfand, daß sie Gott nicht sowohl erkannt hatten, als viel=
mehr von Gott erkannt worden waren (Gal. 4, 9), daß Gott
ihnen den Geist dargereicht und Wunderkräfte unter ihnen
gewirkt, und Alles durch die Predigt vom Glauben (Gal. 3, 4).

Juden schlossen sich dieser antiochenischen Gemeinde damals nur
sehr wenige an, vielleicht auch gar keine, aber das beein=
trächtigte die Tüchtigkeit der letzteren nicht, erhöhte im Gegen=
theil nur ihre Frische. Für Paulus war diese Gründung einer
Gemeinde von Heidenchristen damals offenbar eine Epoche
in seiner eigenen Praxis. Denn nicht das war ja seine
Absicht gewesen, Gemeinden der Heiden hier zu stiften. Er
war hierhergekommen, um den fernen Volksgenossen die An=
kunft des Messias zu verkündigen. Nur wegen Krank=
heit hatte er diesen Heiden geprebigt. Nun war er hier zum
ersten Male den Heiden ein Heide geworden! Und es war
ihm das nicht leicht geworden, denn der angeborene Jude hatte
sich in ihm immer noch dagegen gesträubt, auch mit den Heiden
einen näheren Verkehr zu pflegen; er hatte den Galatern,
wie er selbst späterhin sagt, geradezu ein Opfer damit gebracht,
als er geworden war wie sie. Aber dieses Opfer hatte sich auch
gelohnt. Er durfte jetzt mit Jesu sprechen: „Wahrlich, solchen
Glauben habe ich in Israel nicht gefunden!" Was seinem
Herrn der Hauptmann von Capernaum, der dankbare Sa=
mariter und die demüthige Phönizierin gewesen, das waren ihm
nun diese Galater geworden.

Und wie verhielt sich nun die Judenschaft Antiochiens
zu dieser messiasgläubigen Gemeinde von Heiden? Wie die
Heiden selbst zu ihren messiasgläubigen Landsleuten? Wie
Juden und Heiden endlich zu den beiden Missionaren?
Feindlich. Als nämlich das Evangelium anfing auch in der ganzen
Umgegend Antiochiens bekannt zu werden, da wußten es die Juden,
durch den Einfluß ihrer vornehmen Proselytinnen namentlich, da=
hin zu bringen, daß Paulus und Barnabas aus der Colonie ver=
wiesen wurden. Und daß auch die Gläubigen Kämpfe und
Stürme zu bestehen hatten, das ergiebt sich aus dem Galater=
briefe (vergl. Gal. 3, 4). Namentlich aber waren es die
Juden, von denen die gläubig gewordenen zu leiden hatten
(vergl. Gal. 4, 29 und 6, 10). Indessen Paulus und Bar=
nabas konnten die antiochenische Gemeinde doch mit dem freu=
digen Bewußtsein verlassen, hier eine Schaar von Christen
gesammelt zu haben, deren Treue sie versichert sein durften.

Als Paulus und Barnabas den Ausweisungsbefehl von
den Stadtoberen Antiochiens erhalten hatten, wanderten sie
nach Süden, bis sie die Straße nach Iconium erreichten, die
über Lystra und Derbe nach dem Passe führte. Der Eintritt
in Lycaonien war für sie vom Glück begleitet. Sie
fanden auch in Iconium für die Verkündigung des Evangeliums
einen günstigen Boden, so daß sie sich in dieser von dem
regierenden Kaiser Claudius neu ausgestatteten (daher auch
Claudiconium genannten) Colonie längere Zeit aufhielten.
Die Stadt war gut gebaut und lag in fruchtbarer Gegend
an einem Flüßchen, das die Gärten der Stadt bewässerte
und sich in einem nahen See verlor. Wie in Antiochien, so
traten die beiden Sendboten auch hier zuerst wieder in der Synagoge
auf, um den Juden von Iconium die Kunde von dem er=
schienenen Messias vorzutragen. Der Erfolg dieser Predigt war
Anfangs auch hier ein großer, aber auch hier mußten Paulus
und Barnabas doch die Synagoge bald wieder räumen. Die
gesammte Judenschaft Iconiums theilte sich nämlich in zwei
Heerlager, von denen das eine zur altgläubigen Synagoge,
das andere zu der von Paulus gestifteten messiasgläubigen
Gemeinschaft hielt.

Wie in Antiochien, so war auch hier die Predigt
des Evangeliums weniger eine lehrhafte Mittheilung, als ein
begeistertes Ausstreuen der eigenen Begeisterung, indem der
Herr das Wort seiner Gnade bezeugte und durch ihre
Hände Zeichen und Wunder geschehen ließ. Die Juden suchten
nun die Heiden auch hier aufzuhetzen, aber, wenigstens zunächst
doch, ohne Erfolg, denn die Gläubigen beriefen sich eben auf die
sichtbare Ausgießung des Gottesgeistes. Als es indessen zwischen
den Sendboten und den Messiasgläubigen einerseits und den
ungläubigen Juden andererseits auch zu heftigen theoretischen
Erörterungen kam, in denen Paulus unter anderem auch
behauptete, daß das Mosaische Gesetz nicht nur nicht selig mache,
sondern vielmehr erst recht zur Sünde reize, daß Moses die
Israeliten ganz absichtlich über die nur für eine bestimmte
Zeit dauernde Geltung dieses Gesetzes getäuscht habe, daß das
Gesetz dem unfruchtbaren Sinai und dieser wieder der

Sclavin H a g a r gleiche, die nur zur Knechtschaft gebäre, da wütheten die Vertreter der Synagoge von J c o n i u m gegen solche Lästerworte und verlangten stürmisch die Bestrafung der Fremden. Schließlich ergriffen denn auch hier wieder die A r c h o n t e n die Partei des ansässigen und überlieferten Judenthums, und da die Messiasgläubigen in Erfahrung brachten, die Synagoge habe von dem römischen Ortsvorstande freie Hand erhalten, die Fremden zu schänden oder sie gar nach dem Gesetz zu steinigen, so flüchteten sich P a u l u s und B a r n a b a s nach dem 8 Stunden entfernten L y s t r a. Die Gemeinde hatte unter solchen Umständen natürlich auch viel zu leiden. Indessen hielt sie sich doch in allen Stürmen, die sie trafen, tapfer, und ihre zunehmende Bedeutung läßt sich schon im Neuen Testament verfolgen, wo sie von allen galatischen Gemeinden am häufigsten erwähnt wird. — Ueber die Wirksamkeit der beiden Missionare in L y s t r a haben wir die wenigsten Nachrichten. Nur das steht fest, daß sie von den Einwohnern dieses Städtchens sehr freundlich aufgenommen wurden (Gal. 4, 14) und dort eine christliche Gemeinschaft aus Heiden gründeten. Sie waren aber auch hier noch nicht lange wirksam gewesen, als die Juden von A n t i o c h i e n und J c o n i u m den Aufenthalt der beiden Sectenstifter selbst in diesem entlegenen Thale ausfindig gemacht hatten. Wuthschnaubend kamen sie in L y s t r a an, wiegelten auch hier die Bevölkerung auf und vollzogen hier tumultuarisch an den Beiden die in A n t i o c h i e n wohl schon beabsichtigte, in J c o n i u m aber beschlossene Steinigung. P a u l u s wurde für todt aus der Stadt geschleift. Die Messiasgläubigen L y s t r a's wußten ihn indessen vor der Stadt zu umringen und, nachdem er sich erholt, in Sicherheit zu bringen. Den Morgen darauf flüchteten sich P a u l u s und B a r n a b a s von L y s t r a weiter in's Gebirge hinein nach D e r b e.

D e r b e, der östlichste Flecken G a l a t i e n's, lag schon in den Districten der C l i t e n, deren Häuptling A n t i p a t e r es sich vordem, daß A m y n t a s ihm den Platz genommen, zu seinem Raubsitz erkoren hatte. Zur Zeit,

als unsere beiden Sendboten dahin kamen, war es wohl
römische Festung, wenigstens lassen.das die daselbst ansässigen
Juden (vergl. Apostelgesch. 16, 3) als wahrscheinlich erscheinen.
Auch hier wurden **Paulus** und **Barnabas** freundlich
aufgenommen, so daß bald eine messiasgläubige Gemeinschaft
gebildet war. Unter den hier Bekehrten befand sich auch
der junge **Timotheus**, der nachher auch noch über das
Weichbild von **Derbe** hinaus im Dienste des Evangeliums
thätig werden sollte, nach dem Berichte der Apostelgeschichte
(vergl. Apostelgesch. 16, 1) der Sohn eines messiasgläubig
gewordenen jüdischen Weibes, Namens **Eunice**, und eines
heidnischen Hellenen. Die Mutter der Eunice, also die Groß-
mutter des jungen **Timotheus**, Namens **Lois**, eine
wegen ihrer Frömmigkeit in Derbe besonders bekannte Frau,
ward ebenfalls dem Christenthume zugethan.

Zwischen den christlichen Gemeinschaften von **Derbe**,
Lystra und **Iconium** entspann sich nun bald ein reger
Verkehr, in dem namentlich der junge **Timotheus** die
Rührigkeit und den Eifer entwickelte, der später **Paulus** in
ihm die Missionsnatur erkennen ließ, die sich auch in weiteren
Kreisen verwenden lasse. Wie die in **Galatien** gestifteten
Gemeinden organisirt waren, das wissen wir nicht. Aber nach
dem Briefe zu schließen, den **Paulus** später an sie schrieb,
wurde in den frommen Versammlungen dieser galatischen
Christen die griechische Bibelübersetzung des Alten Testaments,
die sogenannte Septuaginta, vorgelesen, da der ganze Brief
zeigt, daß das Alte Testament den Gemeinden rasch geläufig
und Mittelpunkt ihrer Erbauung geworden ist. Daneben wird es
gewiß aber auch noch.ein geschriebenes Evangelium gegeben
haben, aus dem man sich das Leben des Messias vergegenwärtigte.

Nachdem sich **Paulus** und **Barnabas** in **Derbe**
längere Zeit aufgehalten hatten, dachten sie wieder an
die Heimfahrt. Sie hätten nun von hier aus sehr leicht
Tarsus erreichen können, durch das s. g. Cilicische Thor
nämlich, den bekannten Paß, der vom Innern Kleinasiens
nach **Cilicien** hinüberführte, von wo sie dann nach
Syrien gelangt wären. Die beiden Wanderer wählten

aber diesen kürzeren und gewiß weniger mühe= und gefahr=
vollen Weg nicht, sondern kehrten auf demselben Wege, den
sie gekommen, durch G a l a t i e n nach A n t i o ch i e n in
Syrien zurück. Gewiß, um die Gemeinden in L y st r a, in
J c o n i u m und in der Freistadt A n t i o ch i e n noch einmal
zu besuchen und in ihrem Bekenntnisse zu bestärken. In
P e r g e in P a m p h y l i e n verkündigten sie jetzt auf der
Rückreise den dortigen Juden das Evangelium auch. Statt
dann aber die Mündung des Cestrus hinunterzufahren,
wanderten sie hinüber nach A t t a l i a am Ausfluß des
Katarrhaktes, um sich von da nach A n t i o ch i e n einzuschiffen.
Im Jahre 53 gelangten sie glücklich in der syrischen Haupt=
stadt wieder an.

Diese sogenannte erste Missionsreise des Apostels
P a u l u s bildet einen großen Abschnitt in der Geschichte des
Christenthums. Dadurch, daß es nach Galatien vordrang,
wurde nämlich seine Sache in eine wohlthätige Entfernung
von den Geschicken P a l ä st i n a s gerückt. Das Reich Gottes
stellte sich hier im Innern Kleinasiens anders dar, als in der
alten Heimath Davids und Salomos. Je weiter nämlich von Jeru=
salem entfernt, um so mehr mußte der Reichsgedanke von seiner
universellen Seite aufgefaßt werden. Durch dieses Hinaus=
tragen unter einen neuen Himmel, zu einem neuen Stamme,
dem die Mauern und Thore Jerusalems gleichgültig waren,
wurde die Idee des Reiches Gottes ihrer jüdisch = particula=
ristischen Einschränkung entkleidet, wurde zu der des die ganze
Welt, Juden= und Heidenthum umfassenden Reiches Gottes.

Fast 17 Jahre waren nun verflossen, seitdem Paulus
Christ geworden, und beinahe 14, seitdem er als Bote des
Evangeliums in S y r i e n, C i l i c i e n und G a l a t i e n
gewirkt. Mit Stolz, daß Gott so Vieles und so Großes durch
ihn gethan, konnte er auf die Erfolge seiner bisherigen Thätigkeit
hinblicken, mit Stolz namentlich auf diejenigen in G a l a t i e n.
Und dieser Stolz war um so berechtigter, als nach seinem
eigenen Zeugniß diese Erfolge nur unter vieler Arbeit, unter
übermäßig vielen Schlägen, unter Gefangenschaften und unter
häufigen Todesgefahren errungen worden waren. Von den Juden

allein hatte er, wie er späterhin einmal in Bezug auf dieses galatische Wanderleben (2. Cor. 11, 23—30) sagt, fünf Mal vierzig Streiche weniger einen erhalten, von der römischen Obrigkeit war er drei Mal gestäupt worden, einmal war er gesteinigt worden, drei Mal hatte er Schiffbruch gelitten, ein Mal hatte er Tag und Nacht auf der Tiefe des Meeres zu= gebracht, ein Diener Christi durch häufige Reisen, durch Ge= fahren auf Flüssen, durch Gefahren unter Räubern, durch Gefahren unter seinem Volk, durch Gefahren unter Heiden, durch Gefahren in Städten, durch Gefahren in der Wüste, durch Gefahren auf dem Meer, in Arbeit und Mühsal, durch häufige Nachtwachen, durch Hunger und Durst, durch häufiges Fasten, durch Frost und Blöße. Und dazu war nun immer auch noch die Sorge um das Gedeihen der neugegründeten Gemeinden hinzu= gekommen. Nur wenn wir uns etwa vorstellen, mit welchen Schwie= rigkeiten der zu kämpfen haben würde, der heutzutage die jüdischen Colonien in den Thälern des Karabagh unter den räuberischen Karamanen aufsuchen und von diesen Colonien zurückgestoßen, der Maßregelung der Militairbehörden und der Mißhandlung der Eingeborenen ausgesetzt, ja vielleicht selbst empfohlen sein würde, können wir uns annähernd ein Bild von dem müh= seligen und geplagten Wanderleben des Apostels Paulus in Galatien machen. Und doch sollte auch dieser so berechtigten Freude über die unter so vielfachen Schwierigkeiten errungenen Erfolge der bittere Wermuthstropfen nicht fehlen! Kaum waren nämlich Paulus und Barnabas wieder in Antiochien an= gekommen, da traten ganz neue Gegner wider den Apostel auf, und dieses Mal nicht aus den Juden, auch nicht aus den Heiden, nein, aus den Messiasgläubigen selbst.

Drittes Capitel.

Der Aufenthalt des Apostels in Antiochien und Jerusalem und sein Streit mit den Judenchristen dieser beiden Städte über die Bedeutung des Mosaischen Gesetzes inner= halb des Christenthums. 53.

In Antiochien war inzwischen unter den Messiasgläu= bigen eine tiefgehende Bewegung eingetreten. Zwischen den

kleinasiatischen (den cilicischen, cyprischen und galatischen) und
den paläftinensischen Gemeinden gelegen, hatte sich nämlich auch
bald in der antiochenischen Gemeinde der zwischen den helle=
niftischen und paläftinensischen Messiasgläubigen beftehende
Gegensatz einer freieren und ftrengeren Stellung zum
mosaischen Gesetze gezeigt. Jerusalem aber war es gewesen,
von wo diese Bewegung in die antiochenische Gemeinde getragen
worden war. Dort hatte nämlich Johannes Marcus
von der Missionsweise des Apostels Paulus in Klein =
asien berichtet, wie derselbe dort messiasgläubige Gemeinden
auch aus Heiden ftifte und wie er diese auf das mosaische
Gesetz nicht verpflichte. Ein Sturm des Unwillens hatte
sich in Folge dessen unter den messiasgläubigen Juden zu
Jerusalem gegen Paulus erhoben. Laut hatte man
gegen diese Missionspraxis proteftirt und, fefthaltend an der
geschichtlichen Ueberlieferung, daß nur den Nachkommen
Abraham's das Heil zu Theil werden solle, die allein
als Brüder anerkennen zu können erklärt, welche sich dem
mosaischen Gesetze unterwürfen, d. h. sich beschneiden ließen
und dem Gesetze gemäß lebten. Und die Eifrigen von ihnen
hatten den Worten sogar auch gleich die That folgen lassen. Sie
waren nämlich nach Antiochien gegangen, um dem väterlichen
Gesetze bei den dortigen Chriften wieder Geltung zu verschaffen.
Sie hatten an die Gemeinde in Antiochien die direkte
Forderung geftellt, ihre heidnischen Brüder zu beschneiden.
Die syrischen judenchriftlichen Brüder hatten sich bis dahin
mit der Freiheit, wie sie das Leben einer bewegten Weltftadt
gewährt, über die Vorschriften des mosaischen Gesetzes,
wenigftens im Umgange mit den heidnischen Brüdern, hin=
weggesetzt (Gal. 2, 12. 14). Der Glaube an den Messias,
welcher Juden und Heiden mit dem Vater im Himmel ver=
söhnt habe, hatte ihre Herzen so innig mit einander ver=
bunden, daß neben dieser gemeinsamen Ueberzeugung die
früheren Scheidewände weniger bedeutend erschienen waren.
Man hatte sich in dem neuen religiösen Element der Liebe
so eins gefühlt, daß man den früheren gottesdienftlichen
Uebungen, mochten sie nun der Tradition des jüdischen oder

des heidnischen Hauses entstammen, in der Praxis wenigstens, keine große Bedeutung mehr beigelegt hatte. Die Brüder hatten sich bei den Agapen zusammengefunden, uneingedenk, daß dem Juden verboten sei, mit dem Unbeschnittenen zu Tische zu liegen und uneingedenk auch der Lehre ihrer Rabbi's, daß das Brot, welches der Heide zur gemeinsamen Mahlzeit beitrage, schlimmer sei als unreines Fleisch. Diese Harmonie war nun durch die jerusalemitischen Judenchristen mit einem Schlage zerstört worden. An die Stelle des früheren ein= trächtigen Zusammenlebens war gegenseitige Absonderung getreten. Die judenchristlichen Brüder vermieden ihre heid= nischen Genossen, und in der Brust der heidenchristlichen Brüder hatte ob solcher Inkonsequenz das Gefühl der Bitterkeit Platz greifen müssen. Noch war es indessen zu einer Spaltung in der Gemeinde nicht gekommen. Aber voller Sehnsucht sah man nun der Ankunft des Apostels P a u l u s entgegen, in der Hoffnung, daß er durch seine Autorität der Gemeinde den Frieden wiedergeben werde. Und P a u l u s kam auch. Aber er trat so radical auf, daß er die Disharmonie nur noch erhöhte, statt zu beseitigen. Nicht als ob dies seine Absicht gewesen wäre, es war vielmehr die Konsequenz seines christ= lichen Standpunktes. So weich und zart nämlich sonst der Apostel ist, dem Juden ein Jude und dem Hellenen ein Hellene, dem Starken ein Starker und dem Schwachen ein Schwacher wird, nie in eigensinniger Weise seinen Willen durchsetzen will, eben so entschieden ist er, wenn es sich handelt, eine Sache prinzipiell zum Austrag zu bringen. Dann ist er, ganz im Gegensatze zu dem wankelmüthigen P e t r u s, immer nur ein und derselbe. Und so entwickelte er denn auch jetzt, seiner universalistischen Auffassung des Christenthums getreu, den= jenigen Judenchristen Antiochiens, die das Christenthum wieder in die engen Schranken des Judenthums einzwängen wollten, daß das mosaische Gesetz seine Aufgabe erfüllt habe und nicht mehr verbindlich sei, daß ferner die Theilnahme am Christenthum nicht blos auf die Nachkommen A b r a h a m 's, d. h. die Juden beschränkt sei, sondern daß diese allen Menschen, Juden und Nichtjuden freistehe, daß für alle Menschen nur das eine neue

Gesetz existire, nämlich, zu glauben, daß durch den erschienenen
Messias die Menschheit mit dem himmlischen Vater wieder
ausgesöhnt sei. Es sei gleichviel, entwickelte er diesen Juden=
christen weiter, ob man von Geburt Jude oder Nichtjude sei,
da man in Christo überhaupt ein neues Wesen werde. Zu meinen,
daß man als Israelit etwas vor den Nichtisraeliten voraus habe,
sei zum mindesten ein unhaltbares Vorurtheil, wenn nicht gar
ein tabelnswerther Hochmuth. Das Gesetz ferner, das Moses
gegeben, sei für den Christen darum nicht mehr verbindlich, weil
es nur die Bedeutung gehabt habe, die im Menschen wohnende
Sündhaftigkeit hervorzukehren, zu mehren, über den sünd=
haften Menschen den Fluch zu verhängen und in ihm das
Bedürfniß nach Erlösung aus diesem Zustande zu erwecken.
Das Gesetz sei eben nur ein Erzieher auf Christum hin ge=
wesen, gewähre selbst aber durchaus keine Ruhe, keinen
Frieden, keine Versöhnung mit Gott. Zur Erlösung aus
diesem sündigen Zustande gehöre eben ein neuer G e i st, den
aber nicht das Gesetz, das ja nur schwarzer Buchstabe, nur
todte, steinerne Schrift sei, sondern allein der Glaube an den
erschienenen Messias mitzutheilen vermöchte.

So trostreich nun solche Ausführungen dem Heiden=
christen der antiochenischen Gemeinde klingen mochten, so entsetzlich,
ja lästerlich geradezu mußten sie dem strengen Judenchristen in
ihr erscheinen, ihn mußten sie mehr erbittern, als überzeugen.
Hatte er doch hinsichtlich des Gesetzes das ausführliche Schrift=
wort für sich, nach welchem nur d e r leben sollte, der das
Gesetz erfülle, und nun sprach ihm P a u l u s davon, daß dieses
Gesetz aufgehört habe, verbindlich zu sein. So kam es denn, daß
er dem P a u l u s, war er nicht fanatisch, wenigstens vorwarf,
daß derselbe eigene Träumereien, aber nicht Gottes Wort vor=
trage, war er aber streng judaistisch, daß derselbe Gottes Wort
geradezu fälsche. Den schroffen Aeußerungen des P a u l u s
über die natürliche Zugehörigkeit zum israelitischen Volke
und über das Gesetz trat nun seitens der strengen Juden=
christen eine ebenso schroffe Propaganda für diese beiden
Punkte entgegen, und die geistige Windstille und der innere
Friede der Gemüther, die der Morgenstunde des Christen=

thums ihre Weihe gegeben, nach jetzt gereizten Debatten, bei denen
ein geistliches Leben nicht mehr gedeihen konnte. Das Gemein=
same verlor an Interesse gegenüber dem Streitigen, und den
strengen Judenchristen schien es wichtiger zu sein, über der
jüdischen als über der christlichen Physiognomie der
Gemeinde zu wachen.

Vergebens suchte der Apostel der antiochenischen Ge=
meinde begreiflich zu machen, daß die von Jerusalem gekommenen
judaistischen Eiferer sich nicht mit der Gemeinde erbauen,
sondern nur in ihr spioniren, ob auch einer aus ihrer
Mitte das Gesetz etwa nicht halte, kurz, das Christenthum
wieder zum Judenthum machen wollten. Soweit stieg die
gegenseitige Verbitterung in der Gemeinde, daß der Apostel
in den an sich ja erklärlichen Scrupeln der palästinensischen
Judenchristen schon nichts mehr als Heuchelei und pharisäische
Selbstsucht sah, daß andererseits die Judaisten sich sogar zu der
ganz unzulässigen Behauptung verstiegen, die Heidenmission
sei überhaupt wider Gottes Willen, weil die Verheißung des
messianischen Reiches nicht den Heiden, sondern allein den
Juden gegeben sei.

Den Apostel Paulus regten diese Fragen innerlich
so auf, daß er wieder eine jener Visionen hatte, die sich bei
ihm der Qual großer Entscheidungen zuzugesellen pflegten.
Handelte es sich doch hierbei um nichts Geringeres, als um
die Frage, ob das Christenthum eine formalistische rituelle
Religion, eine Religion der Waschungen, Reinigungen und
Speisegesetze werden solle oder ob der Gedanke Jesu aufrecht
bleiben würde, daß Gott vom Menschen nichts begehre, als
sein Herz, und daß das Reich Gottes nicht in Fasten oder
Essen bestehe, sondern in einer heiligen Verfassung
der Gemüther. Wohl mochten den Apostel die großen
Consequenzen dieser Entscheidung tief aufregen, und er selbst
berichtet uns, die gesammte Heidenwelt, insonderheit aber die
eben gestifteten galatischen Gemeinden seien ihm vor Augen
gestanden, als er gegen die Forderungen der Judaisten auf=
getreten sei.

Da der Streit in Antiochien seine Erledigung nicht

fand, so beschloß Paulus nach Jerusalem hinaufzu=
ziehen und den Häuptern der Urgemeinde selbst, dem Petrus,
Johannes und Jacobus die Sache vorzutragen. Die Urge=
meinde selbst sollte sich darüber entscheiden, wie sie sich zu den
Gemeinden stellen wolle, die er in Phrygien, Pisidien
und Galatien unter so schweren Opfern gestiftet hatte.
Sein natürlicher Begleiter bei diesem schweren Gange war
Barnabas, der bei der Muttergemeinde noch von früher
her, von den Zeiten der Gütergemeinschaft, in gutem An=
denken stehen mußte und doch auch bei den kleinasiatischen
Erfolgen der christlichen Predigt betheiligt und nicht, wie
Johannes Marcus, auf halbem Wege umgekehrt war.
Zugleich fand es aber Paulus für angemessen, auch noch
einen Bruder aus den Heiden mit nach Jerusalem zu nehmen
und es darauf ankommen zu lassen, ob man demselben ohne
Weiteres die christliche Gemeinschaft gewähren oder ob man
ihn zur Beobachtung des mosaischen Gesetzes, also auch zur
Beschneidung zwingen werde. Derjenige, den sich der Apostel zu
dieser schwierigen Rolle ersah, war der Grieche Titus, eine
Achtung gebietende und im Leben bereits gereifte Persönlichkeit.
Als so der Apostel Paulus mit Barnabas und
Titus im Jahre 53 zu Jerusalem erschien, da mochte
es ihm wohl recht bange um's Herze sein, ob er eine Ver=
ständigung mit den jerusalemitischen Brüdern erzielen werde.
Achtzehn Jahre waren seit der Katastrophe auf Golgatha
verstrichen, und die Brüder zu Jerusalem waren mehr und
mehr wieder in die gewohnten Geleise der jüdischen Gesetz=
lichkeit zurückgekehrt. Zudem standen die meisten der ehe=
maligen Jünger Jesu nun auch schon in dem 50. u. 60. Lebensjahre,
also in dem Alter, in dem der Mensch Neuerungen gewöhnlich
abhold ist und das Alte zu erhalten sucht. Indessen erledigte sich die
Angelegenheit wider Erwarten günstig. Freilich protestirte eine
fanatische Partei gegen die Zulassung des Heidenchristen Titus
zu den gottesdienstlichen Versammlungen und verlangte, er müsse
erst in aller Form Jude werden, d. h. sich beschneiden lassen,
ehe er an den Agapen (Liebesmahlen) der Gemeinde Theil
nehmen könne. Indessen ohne Erfolg. Paulus gab nicht

4*

nur dieser Forderung nicht nach, sondern er erzielte sogar auch, nachdem er in einer besonderen Besprechung den drei Häuptern der Gemeinde, dem Jacobus, dem Bruder des Herrn Jesu Christi, dem Petrus und dem Johannes, sein Evangelium noch einmal ausführlich dargelegt hatte, eine Vereinbarung, nach welcher Paulus und Barnabas den Judengenossen (Proselyten) und Heiden da, wo die Juden die Predigt nicht annehmen würden, nach wie vor das Evangelium verkünden sollten, sie selbst aber, die Jeru= salemiten, nach wie vor nur unter den Israeliten missioniren wollten. Das ist die Theilung des Arbeitsgebietes, die Paulus in seinen Briefen späterhin immer und immer wieder hervorhebt. Diese Verständigung auf dem Arbeits= felde war indessen nicht das Ergebniß einer Einmüthigkeit in der Sache selbst gewesen. Sie hatte nur darum stattfinden müssen, weil in der Gemeinde zu Jerusalem, obwohl sie durchweg judenchristlich war, doch auch wieder eine strengere und eine mildere Partei sich das Gleichgewicht hielten. Die erstere, an ihrer Spitze Jacobus, der Bruder des Herrn Jesu Christi, hatte von den Heidenchristen das mosaische Gesetz und zwar in seinem ganzen Umfange beobachtet, also in dem vorliegenden Falle auch den Titus beschnitten wissen wollen, die letztere, an ihrer Spitze Petrus, scheint nament= lich hinsichtlich der Forderung der Beschneidung toleranter gewesen zu sein. So hatte denn die Vereinbarung auch nur eine praktische Bedeutung, die Prinzipienfrage dagegen war keineswegs entschieden, sondern nur vertagt worden. Das zeigte sich denn auch bald darauf in Antiochien. Als nämlich Paulus, Titus und Barnabas, begleitet von einigen Christen Jerusalems, nicht lange nachher wieder nach Antiochien zurückkehrten, hatten die syrischen Brüder den Petrus bestimmt, doch ihre Gemeinschaft in An= tiochien einmal in Person zu besuchen und so ihre Weise an Ort und Stelle aus eigener Anschauung kennen zu lernen. Petrus erschien denn auch in der That nicht lange nach der Rückkehr des Paulus in Antiochien. Er aß und trank mit seinen ehemals heidnischen Glaubensbrüdern, ja lebte, wie Paulus sich ausdrückt (Gal. 2, 14), geradezu heidnisch, so daß seine Accommodation an die syrischen Sitten noch über die Theilnahme an den Agapen hinausgegangen sein muß. Bald nach ihm kamen auch noch andere Juden= christen von Jerusalem nach Antiochien, die aber der strengeren Richtung angehörten, sei es nun, daß sie von den mit dem Verhalten des Petrus unzufriedenen Juden= christen Antiochiens herbeigeholt waren, oder sei es, daß Jacobus von selbst sie nachgesandt hatte, da er, die leicht beweg= liche Natur des Petrus wohl kennend, vielleicht fürchten mochte, daß der letztere in seiner Toleranz zu weit gehen könnte. Wie dem nun auch sein mag, genug, die neuen Ankömm= linge nahmen den Petrus so in's Gebet, daß er sich von den heidnischen Brüdern Antiochiens gänzlich zurückzog. Die Folge davon aber war, daß die Judenchristen der Gemeinde sich nun ebenfalls von ihren heidenchristlichen Brüdern separirten, ja, daß sich sogar nun auch Barnabas der judaistischen Partei anschloß. Dabei war es denn zwischen den beiden Parteien auch nicht ohne harte Worte abgegangen. Namentlich hatte Paulus, im Hinblick auf die vielen Heidenchristen, die er gewonnen, sowohl dem Petrus vor aller Augen sein inconsequentes Verhalten, als auch der ganzen judaistischen Partei ihr inconsequentes Denken vorgeworfen. Wenn sie, die Judaisten, zugäben, hatte er ihnen demonstrirt, daß kein Mensch durch die Werke des Gesetzes vor Gott gerecht werde, denn im andern Falle hätten sie ja ungläubige Juden bleiben und nicht Messiasgläubige werden müssen, dann geständen sie doch damit zugleich auch ein, daß der Jude gerade so gut wie der Nicht= jude von Natur sündig sei, damit aber auch, daß der Mensch noch eines anderen Gesetzes bedürfe, durch das er vor Gott gerecht werde. Dieses andere Gesetz sei nun eben das des Glaubens, vor Gott in Christo gerechtfertigt zu werden. Wer nun aber unter diesem neuen Gesetze stehe, der sei frei von dem ersteren, dem mosaischen, sammt dessen Forderungen. Der in Christo Wiedergeborene, der Christ, stehe eben nicht mehr unter dem Gesetze Mosis. Aber Christ sein, d. h. durch den Glauben an den Messias vor Gott gerecht werden und dabei doch auch

wiederum noch durch die Werke des Gesetzes vor Gott gerecht
werden wollen, das sei widersinnig.

Die Einheit der Gemeinde, die kurz vorher noch durch
die Ankunft des Petrus besiegelt zu sein schien, war also
aufs neue gesprengt. Und diese Scheidung blieb nun auch fernerhin
bestehen, wenn sie sich auch noch nicht zu einer förmlichen
Trennung gestaltete. Man ließ den Apostel zwar auch weiter
missioniren, aber überallhin folgten ihm von nun an die
Judaisten, um, wo er Gemeinden von Heiden gesammelt, noch den
höheren Segen der Beschneidung hinzuzubringen. Sein früherer
Begleiter Barnabas trennte sich in Folge dieser prin=
zipiellen Differenz nun ebenfalls von ihm. Er suchte zusammen mit
seinem Verwandten Johannes Marcus seine Heimath Cypern
auf und war dort jedenfalls im judaistischen Sinne thätig.
Der Apostel mußte sich daher für seine ferneren Missionsreisen nach
neuen Gefährten umsehen. Es waren dies zunächst auch noch
Judenchristen, nämlich Silas, ein Bruder aus Jerusalem,
der sich demnach in Antiochien auf seine Seite gestellt
haben muß, und der junge Timotheus aus Derbe,
den er bei seinem zweiten Aufenthalte in Galatien zu sich nahm.
Späterhin finden wir den Apostel in der Begleitung einer Reihe
von heidenchristlichen Verkündigern des gekommenen Messias.

Viertes Capitel.
Die zweite Missionsreise des Apostels. 53—55.

Bald nach seiner Rückkehr von Jerusalem nach
Antiochien und der dort nun erfolgten Scheidung der
Gemeinde in eine streng gesetzliche oder eine judaistische und
eine hinsichtlich der Stellung zu dem mosaischen Gesetze freieren
oder paulinischen Partei, trat der Apostel seine sogenannte
zweite Missionsreise an, begleitet auf derselben zu Anfang
nur von Silas, später noch von Timotheus.

Während Barnabas, wie schon gesagt, mit Johannes
Marcus nach Cypern ging, wandte sich Paulus, als er
sich nun zum zweiten Male anschickte, die Kunde von dem er=
schienenen Weltheilande über die Grenzen Syriens hin=
auszutragen, mit Silas (Silvanus) zunächst nach seiner

Heimath Cilicien, wo er den neuen Gefährten mit den dort früher gestifteten Gemeinden bekannt machte. Obwohl der Apostel nun zu den Judaisten in Jerusalem in einen principiellen Gegensatz getreten war, obwohl ihm auch nicht entgehen konnte, daß dieselben seine Missionspraxis nicht nur nicht billigten, sondern auch geradezu bekämpften, so war doch in seinem großen Herzen kein Groll gegen die Urgemeinde zurückgeblieben. Ueberall, wo er von nun an hinkam, ließ er es sich nämlich ganz besonders angelegen sein, für die armen und verarmten Brüder zu Jerusalem bei den wohlhabenderen heidenchristlichen Brüdern Unterstützungsgelder zu sammeln. Und diese Fürsorge für die jerusalemitische Gemeinde hat er auch späterhin immer geübt, auch dann noch, als ihn ihre Sendlinge auf Schritt und Tritt verfolgten, sein Evangelium wiesein Apostolat verdächtigten und in den von ihm gestifteten Gemeinden Zwietracht und Unfrieden säeten. Von Cilicien wanderten Paulus und Silas sodann nach der Provinz Galatien, und zwar auf dem nächsten Wege, nämlich über das Taurusgebirge, auf dem schon mehrfach erwähnten Passe, der das Cilicische Thor hieß. In Derbe nahmen unsere beiden Glaubensboten nun auch noch den jungen Timotheus als ständigen Begleiter zu sich. Wie Silas ein Ersatz für Barnabas war, so wurde es nun Timotheus für Johannes Marcus. Während die Jünger Jesu zwei und zwei auszuziehen pflegten, zog es nämlich Paulus vor, daß eine solche Reisegesellschaft immer aus Dreien bestand. Wie er daher vordem mit Barnabas und Marcus ausgezogen, jetzt mit Silas und Timotheus dahinwanderte, so wirkte er nachmals in Macedonien und Achaja mit Titus und Timotheus und zog auch zuletzt wiederum mit Zweien, mit Lucas und Aristarch, nach Rom. Timotheus stand damals schon, obwohl er noch jung war, in dem Rufe, daß er sich die Aufrechterhaltung der Gemeinschaften in Derbe, Lystra und Iconium sehr habe angelegen sein lassen. Besonders rühmte man an ihm, daß er im Vorlesen, in der Ermahnung und in der Lehre vor allen anderen stark sei. Im Uebrigen scheint

er, nach den Aeußerungen des P a u l u s über ihn, bescheiden,
ja schüchtern gewesen zu sein, so daß P a u l u s ihn gelegentlich
sogar freundlicher Aufnahme empfiehlt, damit er ohne Furcht
auftreten könne. Aber dieser stille und bescheidene T i m o =
t h e u s besaß andererseits doch auch wiederum große
Willenskraft und zähe Ausdauer. Denn in Verfolgung, wie
in Banden hielt dieser junge Begleiter auch dann noch bei
P a u l u s treu aus, als Stärkere bereits abgefallen waren.
Die Erwerbung dieses zuverläſſigen Genoſſen war aber auch
der einzige Lichtblick, den der Apoſtel während dieses zweiten
Aufenthaltes in G a l a t i e n hatte. Während er ſich nämlich
in S y r i e n und J e r u s a l e m und dann wieder in A n =
t i o c h i e n und S y r i e n aufgehalten hatte, waren auch in
den galatiſchen Gemeinſchaften die judaiſtiſchen Tendenzen
hervorgetreten und erſtarkt. Zum Theil waren ſie wohl die
Folge von Einwirkungen, die ſich von A n t i o c h i e n oder
J e r u s a l e m her geltend gemacht hatten, geweſen, zum Theil
wohl aber auch aus dem Schooße dieser Gemeinden ſelbſt
hervorgegangen. Durch die Nichtbeobachtung des moſaiſchen
Geſetzes mochten die meſſiasgläubigen Juden in ein geſpanntes
Verhältniß mit der Synagoge gerathen, aus derſelben vielleicht
gar ausgeſtoßen und nun unabläſſig den Gehäſſigkeiten der=
ſelben ausgeſetzt geweſen ſein. Um nun aber in dem Ver=
kehre mit ihren heidenchriſtlichen Brüdern volle Befriedigung
zu finden, dazu mochten ſie immer noch zu ſehr Juden ge=
blieben ſein. So war es gekommen, daß einzelne galatiſche
Judenchriſten ſelbſt die jungen Gemeinden zu bewegen geſucht
hatten, doch die Proſelytengeſetze und die Beſchneidung anzu=
nehmen, um ſo aus der geſpannten Situation, in die ſie
ihren Stammesgenoſſen gegenüber gerathen wären, wieder
herauszukommen. Nun war ja die Mehrzahl der galatiſchen
Brüder allerdings Heidenchriſten; aber die judaiſtiſchen Brüder
hatten ſich doch ſo rührig erwieſen, daß P a u l u s bei ſeiner
zweiten Anweſenheit in G a l a t i e n in der That ſeine
Gemeinden kaum wieder erkannte. Namentlich ſcheint es
eine einzelne hervorragende Perſönlichkeit geweſen zu ſein,
die dieſe Wendung der Dinge herbeigeführt hatte (Gal. 5, 10).

Zu der unheimlichen Rührigkeit der streng gesetzlichen Juden=
christen war dann auch noch der geringe Bildungsgrad der klein=
asiatischen Christen, sowie die Macht der Tradition über sie,
sich die Religion nur als eine rituelle vorzustellen, hinzu=
gekommen, um sie dem Judaismus vollends in die Arme zu treiben.
Genug, der bloße Glaube war ihnen zu geistig gewesen, so
daß sie in gröberen Leistungen ihre religiöse Befriedigung
gesucht hatten, daß sie sich der Zugehörigkeit zum messianischen
Reiche für versicherter gehalten, wenn sie außer dem Glauben
auch noch Waschungen und Fasten und Tage zu beobachten hätten.
So war denn die Physiognomie der galatischen Christen eine ganz
andere geworden. An die Stelle ihrer ehemaligen Begeisterung
war eine gewisse geistige Erschlaffung getreten. Von den
Judaisten veranlaßt, hatten viele Brüder nicht nur die
jüdischen Feste wieder mitgefeiert, sondern auch durch den Act
der Beschneidung ihren Zutritt zur Synagoge bestätigt. Da=
bei waren aber die Judaisten nicht einmal ehrlich zu
Werke gegangen: Man hatte nämlich den galatischen Christen
gesagt, es handle sich nur darum, durch officiellen Uebertritt
die Stürme der Synagoge zu beschwichtigen, im Privatleben
könne jeder nach seinem eigenen Ermessen leben, sei keiner
verpflichtet, das ganze jüdische Gesetz zu halten. — Paulus
trat nun diesen Umtrieben mit der ganzen Kraft seiner Ueber=
zeugung und Beredsamkeit entgegen, indem er den Galatern
auseinandersetzte, daß es nur das Eine oder das Andere gäbe,
aber kein Drittes, daß man nämlich entweder durch den
Glauben an den Opfertod Jesu Christi oder durch die Haltung
des mosaischen Gesetzes selig zu werden suche, daß es aber
im letzteren Falle ganz unstatthaft sei, sich officiell der
Synagoge anzuschließen und im Privatleben doch nach
eigenem Gutdünken zu leben, daß der, welcher durch den Act der
Beschneidung das Gelübde eines gesetzlichen Lebens auf sich
nehme, auch verpflichtet sei, das ganze Gesetz zu halten, und
kein Recht habe, ein ermäßigtes Judenthum nach eigener Er=
findung zu bekennen, ferner daß der, welcher nun aber auch wirklich
nach dem Gesetze zu leben sich bestrebe, bald einsehen werde, daß
dies unmöglich sei, daß somit eben nur Ein Weg zur Versöhnung

mit Gott übrig bleibe, nämlich der des Glaubens an den
versöhnenden Tod Jesu Christi, endlich daß für den, der
diesen Glauben habe, das Gesetz mit seinen Werken nicht
mehr verbindlich sei. Er schloß seine Auseinandersetzungen
mit den Worten, daß er bei seiner ersten Anwesenheit es
schon ebenso vorgetragen habe, und daß Jedermann, der sie,
die galatischen Christen, ein anderes Evangelium lehre, als
er sie früher und jetzt gelehrt, verflucht sei. Die Worte des
Apostels schlugen für den Augenblick auch durch. Eine Rück=
kehr aus der jüdischen Werkgerechtigkeit zum einfachen Ver=
trauen auf die Gnade in Christo fand statt, und Paulus
glaubte nicht mehr befürchten zu müssen, daß die galatischen
Gemeinden sich jemals wieder würden von dem Evan=
gelium der Gnade abbringen lassen. Das Verhältniß zwischen
ihm und seinen Gemeinden klärte sich soweit wieder, daß er
sogar bei den Brüdern von Derbe, Lystra, Iconium
und Antiochien die für die Brüder in Jerusalem
beschlossene Collecte in Anregung bringen konnte. Aber die
Versöhnung war, wie in Antiochien und Jerusalem,
so auch hier nur eine äußerliche gewesen. Der Conflict brach
nicht lange nachher von neuem aus.

Als der Herbst des Jahres 53 herannahte, verließ
Paulus mit seinen beiden Begleitern Galatien wieder,
in der Meinung, die judaistischen Umtriebe daselbst durch
seine Gegenwart erstickt zu haben. Im Westen von Ga=
latien lag das proconsularische Asien und im Norden
die Provinz Bithynien. In beiden Provinzen gab es
dazumal auch schon Christen. Gleichwohl lenkte der Apostel seine
Schritte weder nach dem Westen, noch nach dem Norden, weil
er in beiden Fällen auf ein streng judaistisches Christenthum
gestoßen sein würde. Sein Blick war vielmehr weiter gerichtet,
auf ein ganz neues Arbeitsfeld, auf die Welt der Hellenen.
Unter ihnen glaubte er seine freieren Grundsätze ungehinderter als
bisher entfalten zu können, da die dortige Diaspora nicht in einem so
festen Zusammenhange mit Jerusalem stand, wie die kleinasiatische.
Aber ehe er noch in Europa festen Fuß faßte, erhielt er schon
die Botschaft, daß die Judaisten ihre Absichten auf das galatische

Christenthum keineswegs aufgegeben hätten, daß sie im Gegentheil der Verwirklichung ihrer Ziele näher als je seien. Aber fragen wir verwundert, wie konnte denn ein so schneller Umschlag der Gesinnung in den galatischen Gemeinden stattfinden? Der Grund dieser schnellen Sinnesänderung war der, daß in die galatischen Streitigkeiten inzwischen auch der Kreis der 12 Apostel hineingezogen war. Die Judaisten hatten nämlich ihren Mitbrüdern gesagt, die Apostel zu Jerusalem hielten nach wie vor das mosaische Gesetz, hatten ihnen ferner mitgetheilt, daß man zu Antiochien ebenfalls wieder zur Beobachtung des väterlichen Gesetzes zurückgekehrt sei, daß Barnabas auch sich wieder von den heidenchristlichen Brüdern fern halte, weil diese eben das mosaische Gesetz nicht auf sich nehmen wollten. Die Judaisten hatten ihre galatischen Brüder auf's neue bedrängt, sich dem Gesetze zu unterwerfen. Und nun hatten die letzteren nicht mehr Stand gehalten. Die Männer hatten sich sogar zum Theil der Beschneidung unterzogen, das Gemeindeleben war wieder auf jüdischen Fuß eingerichtet, und für den Gottesdienst der Messiasgläubigen wieder der Festkreis der Juden eingeführt worden. Man hatte mit den Juden wieder das Laubhüttenfest gefeiert. Und diejenigen von ihnen, die vormals Heiden gewesen waren, mochten sich vielleicht an diesem Feste um so lieber betheiligt haben, als sie durch die Feier desselben auch wieder an die Sakkäen erinnert worden waren, an den Cult, der ihnen noch immer unver= geßlich sein mochte und den sie sich nun freuten gleichsam unter einer gesetzlichen Form wieder ausüben zu können. Sie waren eben wieder in ihren alten Naturdienst zurückgesunken, nur daß dieser eine etwas andere Form angenommen hatte. Hatten sie nämlich früher im Tempel des Men Arkaios den Vollmond gefeiert, so feierten sie jetzt im Gefolge der Synagoge den Neumond; hatten sie früher im Frühling das Attis= Geheul angestimmt, so bauten sie jetzt im Herbst die Laub= hütten, und hatten sie früher die Verschnittenen für Gott wohlgefälliger gehalten als die übrigen Menschen, so hielten sie nun die Beschnittenen für solche. Das alte Princip, Gottes Wohlgefallen durch rituelle Vorgänge zu erhalten, war also wieder

aufgelebt: an die Stelle des Messers des Cybelepriesters war
eben nur dasjenige des jüdischen Rabbi getreten. Eine so
tiefgehende Umgestaltung der Gemeindesitten hatte natürlich
auch nicht ohne starke Conflicte vor sich gehen können. An
der Stelle der früheren Eintracht stand daher jetzt die gehässigste
Zwietracht. Kurz, die galatischen Gemeinden hatten ganz die
Physiognomie der jüdischen Gemeinden angenommen, deren
Insassen sich auch stets in den Haaren zu liegen pflegten, so
daß oft erst die Stäbe des römischen Lictors die Ordnung
wiederherstellen mußten. Von diesen Vorgängen in den Gemeinden Galatiens erhielt der Apostel Paulus nun
Nachricht, als er im Begriffe war, nach Europa überzusetzen,
und zwar wahrscheinlich durch eine Deputation von galatischen
Christen selbst. Ehe man sich von seinem Stifter für immer los-
sagte, hatte man nämlich noch einmal seine Meinung hören wollen.
Und der Apostel hielt denn nun auch mit seiner Meinung keineswegs zurück. Unmittelbar nach dem Empfange dieser Nachrichten
ergriff er nämlich die Feder, um in einem Schreiben seinem stürmisch
erregten Herzen ob so unerwarteter Wendung der Dinge in
Galatien Luft zu machen. Dieses Schreiben ist der uns im Neuen
Testament noch erhaltene Brief an die Galater, verfaßt im Herbste
des Jahres 53. Seine apostolische Autorität und die
Unabhängigkeit seiner Stellung von den
Entscheidungen der Jerusalemiten zu wahren, die Rechtfertigung aus dem Glauben
gegenüber der Werkgerechtigkeit, wie sie
die Judaisten lehrten, zu verkündigen, endlich die
alten und neuen Schäden der Galater kraft seines Amtes
zu strafen, das ist die dreifache Aufgabe, die sich der Apostel
in diesem Briefe, der sich von Anfang bis zu Ende wie ein
Dithyrambus liest, gesetzt hat. Das Schreiben schlug denn
auch durch. Der judaistischen Flut, die ja im ganzen hier in
Asien allerdings im Vordringen war, die später den Paulinismus
hier auch vollständig überflutete, wurde für jetzt wenigstens
durch dasselbe noch einmal ein Damm entgegengesetzt. Die
Gemeinden Galatiens kehrten wieder zur paulinischen Auffassung des Evangeliums zurück, söhnten sich mit ihrem Apostel

wieder aus, so daß sich derselbe bei ihnen auch im Jahre 55 wieder aufhalten und auch noch im Jahre 58, als er sich zu seiner letzten Reise nach Jerusalem rüstete und den verarmten Brüdern daselbst eine neue Collecte zu überbringen gedachte, hauptsächlich auf ihre Beisteuer mit rechnen konnte. Dennoch darf man sagen, daß der Sieg des rituellen Religionswesens, zunächst in der jüdischen, dann in der byzantinischen Form, schließlich in der des Islam, für diese kleinasiatischen Stämme doch nur eine Frage der Zeit war. Eine Religion des Geistes konnte für diese nur ein kurzer Traum sein. Das erschlaffende Klima, die Schwere der eigenen sinnlichen Natur und das Vorwiegen der Phantasie beim Morgenländer mußten hier jede Geistesreligion rasch corrumpiren. —

Nachdem der Apostel durch seinen Brief die galatischen Gemeinden aufs neue im gesetzesfreien Christenthume befestigt zu haben glaubte, brach er nun wirklich nach Macedonien auf. Diese seine Uebersiedelung nach Macedonien muß als der folgen=reichste Schritt in dem Missionsleben des Apostels bezeichnet werden. Denn hier, unter den körnigen Macedoniern, sollte das junge Christenthum seine tiefsten Wurzeln schlagen, so daß es späterhin, als die verheerenden Stürme des Islam über dasselbe hereinbrachen, hier denselben nicht sofort, wie unter den schlaffen Asiaten, erlag, sondern ihnen vielmehr einen zähen und erfolgreichen Widerstand entgegensetzen konnte. Die Macedonier gehörten einem härteren Menschenschlage an, als er drüben in Kleinasien oder im schlaffen Syrien zu finden war. Der neue Stoff war allerdings auch schwieriger zu be=arbeiten als der dortige, setzte seinem Werkmeister eine größere Sprödigkeit entgegen, war aber auch dankbarer, denn die Arbeit blieb an ihm auch haften. Sprichwörtlich war ja durch die Jahrhunderte hindurch besonders der feste Character der Macedonier gewesen. Und dieser verleugnete sich denn auch nicht, als das Christenthum bei ihnen Eingang fand. Da war nichts von den Schwankungen und wechselnden Stimmungen der kleinasiatischen Gemeinden zu finden. — Der Ort, von dem aus der Apostel Paulus nach seinem neuen Arbeitsfelde aufbrach, war Troas, wohin er von dem süd=

lichen Theile der Provinz Galatien gelangt war, indem er
seinen Weg durch Phrygien genommen und daselbst wohl
noch im Vorbeigehen die Städte Colossä und Laodicäa
besucht hatte. Silas und Timotheus waren auch hier
seine beiden Begleiter.

Nachdem die drei Glaubensboten noch im ägäischen
Meere die Insel Samothrace berührt hatten, betraten sie
die römische Provinz Macedonien in Neapolis.

Obgleich nun diese Stadt ein wichtiger Stapelplatz war,
so hielten sie sich doch in derselben nicht auf, sondern eilten
vielmehr sogleich nach der in den Bergen gelegenen, weit
weniger wichtigen Militärcolonie Philippi. Man hoffte eben
dort, unter den Fittigen des römischen Adlers, eine Judengemeinde zu finden. Denn wie sich die Juden von Antiochien,
Iconium, Ephesus, Troas überall um die römischen
Kasernen bewegten, weil sie sich da vor dem Hasse der eingeborenen Nationen sicher wußten, so durfte man auch hier in der
Festung Philippi eine jüdische Gemeinde zu finden hoffen. Zugleich war Paulus auch durch sein römisches Bürgerrecht selbst
darauf angewiesen, solche Plätze auf zu suchen. Philippi
war aber ein halbwegs lateinisch gewordener Platz, da der
Kaiser ihn mit dem Italischen Rechte (jus italicum) aus-
gestattet hatte. Hier in Philippi gründete Paulus denn
auch die erste christliche Gemeinde auf dem Boden Europa's.
An einem Sabbat hatte er nämlich mit seinen Begleitern
den Betort der dortigen Juden, der vor der Stadt an dem
Flusse Gangas lag, — die Juden pflegten ihre Betorte
gern an Bächen und Flüssen zu errichten, — aufgesucht und
der versammelten Menge die Kunde von dem erschienenen
Messias vorgetragen. Drei Frauen hatten da ganz besonders
seinen Worten gelauscht, eine Lydierin aus Thyatira,
Euodia und Syntyche. Die erstere wurde denn auch die
Stammmutter der Gemeinde, die beiden anderen die Mit-
begründerinnen derselben. Von den männlichen Mitgliedern
der Gemeinde sind uns Syzygus, Clemens und besonders
Epaphroditus bekannt worden. Der Letztere namentlich
hielt stets treu zu dem Apostel, so daß Paulus ihn nachher

auch seinen Bruder und Gehilfen und Mitstreiter nannte. Und als später Paulus zu Rom als Gefangener weilte, und die Philipper, um die materielle Lage ihres Lehrers etwas zu bessern, Unterstützungen dorthin absandten, da war es auch wieder dieser Epaphroditus, den sie an den Apostel abordneten.

Wie lange sich Paulus mit Silas und Timotheus in Philippi aufgehalten hat, wissen wir nicht, aber jedenfalls doch so lange, daß zwischen ihm und seinen christlichen Philippern solche Bande der Freundschaft geknüpft werden konnten, daß sie die hereinbrechenden Stürme überdauerten, ja für das Leben aushielten. Auf diesen ersten Aufenthalt zu Philippi blickte denn auch der Apostel noch in seinem letzten Lebensjahre voll Dankbarkeit zurück (Phil. 1, 3 f.).

Die schon angedeuteten Stürme brachen über unsere Glaubensboten ganz unerwartet herein. Sie wurden nämlich eines Tages angeklagt, eine Religion, die nicht gestattet sei (eine religio illicita), zu verbreiten, in das Gefängniß geworfen und endlich, nachdem sie vorher erst noch mit Stockschlägen bestraft worden waren, aus der Stadt gewiesen. Aber auch in dieser tiefen Schmach blieb Paulus heiter und muthig. War doch der Bestand der Gemeinde gesichert. Der echt macedonische Sinn für Zucht und Ordnung hatte sich nämlich hier in Philippi gleich darin gezeigt, daß man rasch zu einer gegliederten Organisation geschritten war und Aufseher und Helfer, Bischöfe und Diaconen zur Leitung der Gemeinde eingesetzt hatte.

Von Philippi, mit dessen Gemeinde sie übrigens immer in Verbindung blieben, indem bald Silas und Timotheus dieselbe wieder aufsuchten, bald auch diese Gemeinde selbst durch Gesandtschaften dem Apostel von sich Nachricht gab, wandten unsere Glaubensboten sich weiter nach Westen. Auf der großen Heerstraße (der s. g. Via Egnatia) dahinwandernd, gelangten sie so zunächst nach der Kreisstadt Amphipolis am Strymon, von da nach Apollonia und von hier nach Thessalonich.

Die Griechenstädte Amphipolis und Apollonia ließen sie liegen, weil nicht dort, sondern in Thessalonich die Synagoge der Juden sich befand, sich also auch naturgemäß dort ein größerer Spielraum für die messianische Verkündigung darbieten mußte. Philippis Judenschaft besaß nur einen einfachen Betort, diejenige von Thessa= lonich aber die Synagoge, d. h. das Heiligthum, welches von dem gesammten macedonischen Israel als seine officielle Cultusstätte betrachtet wurde. Dazu kam auch noch der Um= stand, daß die Judenschaft Thessalonich's eine sehr große Anzahl von Proselyten zählte, darunter namentlich viele vornehme Frauen, die, abgestoßen von dem griechischen Polytheismus, ihr religiöses Bedürfniß in der Theilnahme an der Feier des jüdischen Sabbats und in dem Lesen der jüdischen heiligen Bücher zu befriedigen suchten. Nach Thessalonich so schnell wie möglich zu gelangen, hatten daher unsere Glaubens= boten ganz besonders geeilt. Mit Silas und Timotheus betrat Paulus die Synagoge dieser Stadt, um auch hier den ver= sammelten Juden und gottesfürchtigen Griechen (den Proselyten) nachzuweisen, sei es an der Hand des jüdischen Gesetzes, sei es an der der Psalmen, sei es an der des Propheten Jesaia, daß der Messias nach der Schrift leiden müsse und dann von den Todten auferstehen, und daß eben dieser Messias Jesus von Nazareth sei, den er und seine Begleiter ihnen verkündeten.

Die Predigt war sehr erfolgreich. Eine große Anzahl schloß sich dem Apostel an, allerdings von den eigentlichen Juden nur wenige, es waren vielmehr meist griechische Proselyten und darunter na= mentlich viele der gottesfürchtigen Frauen, die sich vorher schon zur Synagoge gehalten hatten. Von den eigentlichen Juden, die gläubig wurden, werden uns nur Jason (d. ist s. v. w. Jesus), Aristarch, Secundus und Gaius namhaft gemacht. Besonders werden die beiden ersteren als solche gerühmt, die die Kunde von dem Evangelium begierig aufnahmen. Jason ließ es sich denn auch nicht nehmen, den Paulus mit seinen Begleitern in seinem Hause zu beherbergen. Und Aristarch theilte späterhin zu Rom freiwillig des Apostels Gefangenschaft, wie er denn auch der Macedonier ist, den der Pöbel in Ephesus nachmals mißhandelte, als dort der Aufstand zu Gunsten des Diana=

tempels ausbrach (Apostelg. 19, 29). Im Ganzen war also die Gemeinde eine heidenchristliche, und die Juden stellten sich, je länger je mehr, geradezu zu dem Apostel und seinen Begleitern feindlich. Ja, die Erbitterung der Juden zwang den Apostel sogar, den Verkehr mit der Synagoge ganz abzubrechen. So waren es denn auch nicht die Versammlungen in der Synagoge, sondern diejenigen im Hause Jasons, wo dem Evangelium neue Bekenner zugeführt wurden. Dort versammelten sich nämlich die Messiasgläubigen des Abends um den Paulus, zu dieser Tageszeit aber, weil am Tage der Apostel sein Handwerk betrieb, um sich so seinen Unterhalt zu verdienen und keinem in Thessalonich zur Last zu fallen. Aber nicht lange duldeten die Juden die Sendboten in der Stadt. Da nämlich ihre Messiashoffnungen wesentlich politischer Natur waren, nach ihrer Ansicht der Messias also in glänzender Machtvollkommenheit die Herrschaft der Römer abschütteln und eine neue Aera in der jüdischen Geschichte heraufführen mußte, so steigerte sich ihre Abneigung gegen die Verkündiger der neuen Lehre, nach welcher der Messias hatte leiden müssen und nach welcher das Reich desselben überhaupt nicht von dieser Welt war, bis zu dem Grade von Fanatismus, daß sie gegen die Messiasgläubigen den griechischen Janhagel aufhetzten. Mit wüstem Geschrei tobte die Rotte durch die Straßen der Stadt, sammelte sich lärmend vor dem Hause des Jason an, riß ihn heraus und schleppte ihn nebst andern Gläubigen vor den Politarchen. Hier erhob man die Anklage, Jason und Seinesgleichen stifteten in Thessalonich dieselben Unruhen, wie die Christen zu Rom und in allen Gemeinden der jüdischen Diaspora (Apostelg. 17, 8). Paulus war in diesem Augenblicke gerade in der Stadt nicht anwesend. Jason und die mit ihm angeklagten Gläubigen wurden nun allerdings auch bald wieder freigegeben, aber doch immerhin erst dann, als sie dafür Bürgschaft gestellt hatten, daß Paulus und Silas Thessalonich sofort verlassen würden. Bei Nacht und Nebel mußten in Folge dessen diese beiden Glaubensboten die Stadt räumen, so gern sie die Verhältnisse der neuen Gemeinde daselbst erst noch geordnet hätten. Um dieselbe aber doch

im Auge behalten zu können, wanderten sie auf der Egnatischen
Straße (Via Egnatia), die sie nun wieder betraten, nur bis
zu der von Thessalonich 12 Meilen entfernten Stadt
Beröa. — Ein in der Synagoge dieser Stadt gemachter
Versuch, das Evangelium zu verkündigen, hatte einen unerwartet günstigen Erfolg. Die Juden discutirten die Schrift-
beweise der Sendboten, und bei den besseren Proselyten,
namentlich bei einigen vornehmen griechischen Frauen, fanden
sie unverhofften Anklang. Und so bildete sich denn auch hier bald
eine christliche Gemeinde, die indessen mehr jüdische Mitglieder
gezählt zu haben scheint, als irgend eine von denen, die Paulus
je gestiftet hat. Doch sollte seines Bleibens auch hier nicht
lange sein. Während er nämlich noch hin und her schwankte,
ob er nicht nach Thessalonich wieder zurückkehren solle,
hatten seine dortigen Gegner seinen neuen Aufenthaltsort
bereits ausfindig gemacht und in der Synagoge zu Beröa
einen Aufstand gegen ihn angezettelt. So mußte er denn auch von
hier wieder flüchten. Dieses Mal wollte er aber einen größeren
Zwischenraum zwischen sich und seine Gegner legen. Daher
schiffte er sich denn, und zwar ohne Silas, vom nächsten Hafen
des thermäischen Meerbusens, bis zu welchem ihm seine
Freunde von Beröa noch das Geleite gaben, nach Athen
ein. In Athen, das in dreitägiger Küstenfahrt zu erreichen war,
traf Paulus auch wieder mit Timotheus zusammen.
Als er aber von demselben hier auf's neue Nachrichten von den
Stürmen in der Gemeinde zu Thessalonich erhielt, da
entließ er auch ihn wieder von sich, um ihn, dem das Weichbild der Stadt Thessalonich ja nicht untersagt war, dahin
abzusenden, damit er die Bedrängten dort tröste, stärke und
dem Evangelium erhalte. So hatte sich denn die Gesellschaft, die
seiner Zeit von Derbe zusammen ausgezogen war, jetzt aufgelöst.
Silas war in Macedonien zurückgeblieben, aber da
ihm Thessalonich untersagt war, nach Philippi gereist,
Thimotheus wirkte in Thessalonich und der Apostel
Paulus in Athen.

Es war im Jahre 54, als Paulus in Athen eintraf. Diese Stadt war damals, mochte sie von außen

auch noch so glänzend erscheinen, doch gleichsam nur eine große Sophistenschule. Blühte in der Provinz Macedonien noch ein so ungebrochenes Heidenthum, daß es der Verkündigung einer neuen Religion eine hartnäckige Opposition entgegenseßen konnte, so war hier in Athen wiederum eine Bildung verbreitet, die den gläubigen Standpunkt jener Provinz weit hinter sich ließ. Mußte der Verkündiger des Christenthums in Mace=donien vor der heidnischen Reaction aus einer Stadt nach der andern flüchten, um nur sein Leben zu retten, so war er hier in Athen gerade als solcher angenehm. Da hörte man immer gern etwas Neues, und die Verkündigung neuer Götter erschien um so interessanter, als sie ein unerschöpfliches Thema zum Dispu=tiren abgab. In dem Maße nämlich, als alle naturwüchsige und productive Beschäftigung in Athen aufgehört hatte, in dem Maße ferner, als Platoniker und Peripatetiker, Stoiker und Epikuräer nur noch lebende Aushängeschilder davon geworden waren, daß hier einmal der Geist wahrer Forschung geweht hatte, in dem=selben Maße war auch an die Stelle wirklich gehaltvoller Philo=sophie ein nur geistreiches Spielen mit Begriffen, waren an die Stelle wahrheitsliebender, ernster Denker servile, selbstgefällige Schwäßer getreten. Hatten es sich ehedem die angesehensten Jünglinge zur größten Ehre angerechnet, den Vorträgen der Lehrer Athens beiwohnen zu dürfen, so küßten seine Philosophen damals, zur Zeit des Apostels, umgekehrt jedem der römischen Aristocraten den Saum der Toga, wenn er sich herabließ, ihre Curse zu hören. Nicht nur schmückte man solche Männer der Macht mit dem Titel eines Choragen oder Agonotheten, nein, man stellte sogar ihre Büsten und die Statuen der Wohlthäter der Hochschule in reicher Anzahl auf der Acropolis auf, so daß man im buchstäblichen Sinne die Gewalt vergötterte. Die Begünstigungen, die die Staatsmänner Roms dem zurückge=gangenen Athen für solche servile Dienste zuwendeten, ver=bargen denn auch kaum die Ironie, mit der die römische Beamtenwelt auf das ganze Treiben dieser Stadt herabblickte. Athen genoß damals eben nur noch einen traditionellen Vorzug, von seiner Hohlheit war aber Jeder überzeugt. Die Stadt glich einer altgewordenen Coquette, die dem Mangel an natürlicher Schönheit durch äußeren Putz abhelfen will. Das alte Athen war dahingeschwunden: sein Piräus zerfallen, sein Hafen versandet, sein altes Kunstgewerbe eingegangen. Das neue Athen wimmelte zwar von Professoren, Philosophen, Rhetoren, Pädagogen, Gymnasiarchen und Pädotriben aller Art, von weither kamen zwar die Jünglinge mit ihren Lehrern, gelehrten Sclaven, Fecht= und Reitmeistern dahin, und in diesem neuen Athen datirte man zwar auch die Jahre nicht nach den Consuln Roms oder den eigenen Archonten, sondern nach den Vorstehern der Universität, den Kosmeten, trotz alledem aber schaute dennoch, wie in Tarsus und in Alexandrien, so auch hier in Athen durch alle diese Flitter die Dürftigkeit des Geistes hindurch. Der Hetzereien und Zänkereien unter diesen Afterphilosophen war kein Ende, ihr Philosophenmantel noch das allein Reelle an ihnen. — Und in diese Stadt, unter diese Weisen kam nun der Apostel Paulus! Welch ein Contrast! Hier der arme, unbekannte, von seiner Hände Arbeit lebende jüdische Weber, der im Begriff ist, dem Gedanken des weltrettenden Christenthums, nachdem er ihn bereits von Pa= lästina nach Kleinasien und von dort nach Mace= donien getragen hat, nun auch hier in Achaja Ausdruck zu geben, dort die mit Glücksgütern überhäuften, mit äußeren Ehren überschütteten griechischen Philosophen, die sich einbilden, mit dem Flickwerk ihrer großen Denker von ehedem die kranke Menschheit heilen zu können. Wie wird ihn das äußerliche Wesen dieser dilettantenhaften Weisheitslehrer angewidert haben!

Ueber die Art und den Ort der apostolischen Wirksam= keit des Paulus in Athen wissen wir äußerst wenig, da er in seinen Briefen auf die athenensische Gemeinde in keiner Weise Bezug nimmt. Indessen dürfen wir doch wohl annehmen, daß er hier ebenso verfahren sein wird, wie an den vorher= besuchten Orten Kleinasiens und Macedoniens. Hiernach hat er denn gewiß dort auch sogleich, nachdem er im Piräus gelandet war, seine Schritte hinauf zur Stadt gelenkt und die Synagoge aufgesucht, ohne sich unterwegs bei den Philosophen aufzu= halten. Wie der Apostel in Philippi in der Wohnung der Lydia gelehrt, in Thessalonich in dem Häuschen des Jaſon geſeſſen, wie er nachher in Corinth in der Weberwerkſtatt des Aquila gearbeitet und ſeine Lehre dort im Judenviertel im Hauſe des Titius Juſtus vorgetragen hat, ſo wird er ſich wohl auch in Athen nicht an den weltbe= rühmten Stätten der Cultur, ſondern vielmehr ebenfalls in den un= bekannten Straßen ſeiner Glaubensgenoſſen aufgehalten haben*).

Da der Apoſtel ſelbſt, wie ſchon geſagt, über ſeine Wirk= ſamkeit in Athen nirgends ein Wort fallen läßt, ſo wiſſen wir auch weder etwas Näheres über die Dauer derſelben noch auch über ihren Erfolg. Paulus blieb aber wahrſcheinlich nur kurze Zeit dort, da er es ſelbſt den Theſſalonichern zu erkennen giebt, daß es nicht ſeine eigene Neigung geweſen, in Athen allein zurückgelaſſen zu werden, ſondern ein Opfer, das er ihnen gebracht habe. Daß aber die Gemeinde in Athen, wenn überhaupt eine ſolche dort wirklich geſtiftet wurde, nur unbedeutend geweſen ſein kann, das erhellt daraus, daß Paulus ſie nirgends erwähnt, ſie ſpäter, als ſich Gelegen= heit dazu bot, auch nie wieder beſucht, überhaupt ſonſt nirgends die leiſeſte Bezugnahme auf ſie nimmt. Auch die Apoſtelgeſchichte ſcheint ſich die dortige Gemeinde keineswegs als bedeutend zu denken, da ſie uns nur von zwei athe= nienſiſchen Chriſten die Namen überliefert hat, nämlich

---

*) Nach der Apoſtelgeſchichte ſoll Paulus freilich mit Anhängern der Stoa und Epicurs in's Geſpräch gekommen, dann auf den Areopag geführt worden ſein und dort, anknüpfend an die Inſchrift eines Altars: „dem unbekannten Gotte,“ den inzwiſchen zu einer großen Menge angeſammelten Athenern das Evangelium verkündigt haben. Die ganze Darſtellung daſelbſt iſt aber eine freie Compoſition, die zeigen will, wie das Chriſtenthum da am ſchwerſten Eingang finden konnte, wo die Wahrheit ein Gegenſtand täglichen Schulgezänkes geworden war, und daß ſich blähende Philoſophen die letzten ſind, denen ein Licht über die wahren Bedürfniſſe des menſchlichen Herzens aufgeht. Daß ferner die in der Apoſtelgeſchichte mitgetheilte Rede des Apoſtels die kunſtvolle Ausarbeitung des Hiſtorikers ſei, das wird Niemand beſtreiten, der pauliniſche Briefe geleſen hat. Auch der vorangegangene Streit auf dem Markte entſpricht wenig den ſonſtigen Gewohnheiten des Apoſtels, und vollends der Ort ſeiner Anſprache an die Athener iſt übel gewählt, denn der Areopag war ein Gerichtshof und kein Forum mit einer Rednerbühne, wie der Verfaſſer der Apoſtelgeſchichte anzunehmen ſcheint.

diejenigen von einem gewissen D i o n y f i u s A r e o p a g i t a
und einer Frau, Namens D a m a r i s. — Von A t h e n
ging P a u l u s nach C o r i n t h.

Nach C o r i n t h zog es nämlich den Apostel besonders
darum, weil dort, am Sitze des Proconsuls, die Hauptsynagoge
A c h a j a s stand, er also dort auch ein reicheres Arbeitsfeld
als in Athen zu finden hoffen durfte. Es war eben seine
Praxis, nicht von Stadt zu Stadt, sondern vielmehr von
Synagoge zu Synagoge zu ziehen.

Der Weg von A t h e n nach C o r i n t h führte über
den J st h m u s durch die dem Meeresgotte P o s e i d o n
geweihten Fichtenwälder. Der J st h m u s selbst besteht aus
einem sehr niedrigen Landrücken, zu welchem sich die Berg-
züge von Nordost nach Südwest abdachen. Seine schmalste
Stelle beträgt ungefähr eine Meile, genauer 18,200 Fuß. Diese
Strecke war ungeheuer belebt, da immerwährend Waaren und
Schiffsladungen aller Art zwischen den beiden Häfen S c h o i n o s
und K e n c h r e a e am saronischen Meerbusen einerseits und
L e c h a e o n und C o r i n t h andererseits hin und her geschafft wurden. Selbst ganze Schiffe wurden sammt der
Ladung über den J st h m u s geschleift, indem man sie zwischen
S c h o i n o s und L e c h a e o n, wo die schmalste Stelle ist,
auf Rollen setzte. An diesem lärmenden Treiben mußte nun auch
der Apostel vorüber. Von weitem schon erblickte dann sein
Auge den A c r o c o r i n t h o s, den höchsten Berg der Land-
enge, und auf ihm die alte Burg und den berühmten Venus-
tempel. Endlich lag die Stadt C o r i n t h selbst, da, wo
der Berg gegen Norden steil abfällt, in der Form eines
länglichen Vierecks vor ihm. Allerdings war es nicht mehr
das alte, vom Dichter P i n d a r besungene C o r i n t h,
denn das war mit all seinen P.achtbauten, seinen Tempeln
und seiner Herrlichkeit schon im Jahre 146 vor Christi Geburt
durch den Römer L u c i u s M u m m i u s von der Erde
vertilgt worden. Das C o r i n t h, welches der Apostel betrat,
war vielmehr die im Jahre 46 vor Christi Geburt von J u l i u s
C ä s a r zu Ehren der Venus wieder errichtete Stadt. Hundert Jahre
lang war das zerstörte C o r i n t h nichts, als ein Schutthaufen

gewesen, ein elender Flecken, in dem nur die alte Burg und einige Tempel die römische Zerstörungswuth überdauert hatten. Das neue Corinth war aber keine griechische Stadt mehr, es hatte vielmehr eine lateinische, als eine griechische Physiognomie. Cäsar hatte es nämlich mit Veteranen und Abkömmlingen von Freigelassenen bevölkert. So gab es denn jetzt dort auch einen Tempel des Jupiter Capitolinus und der unglücklichen Octavia, so erfreute man sich denn jetzt dort auch an den specifisch römischen, den aus feineren Stoffen geformten Hellenen so anstößigen Vergnügungen der Gladiatorenspiele und Thierkämpfe. Und liest man unter den nachher zum Christenthum bekehrten Corinthern die zahlreichen lateinischen Namen, so glaubt man sich eher in einer Stadt Italiens, als des alten Hellas zu befinden. Aber nicht nur Italien, auch Kleinasien und Palästina hatten ihr Contingent zu der Bevölkerung dieses neuen Corinth gestellt. Und namentlich war dasjenige der Juden hier nicht unbeträchtlich. Dem römischen Adler folgten die Juden ja ohnehin überallhin; hier aber waren ihnen durch Herodes, der sich um Corinth große Verdienste erworben hatte, die Wege auch noch bei den nationalen Einwohnern geebnet worden. Sie hatten in Corinth selbst eine Synagoge, und in dem nahen Kenchreae, wo vorwiegend die asiatische Bevölkerung angesiedelt war, wird wohl auch noch ein jüdisches Bethaus gestanden haben. Es zerfiel also die Bevölkerung Corinths zur Zeit des Apostels in 3 Hauptklassen: Griechen, Lateiner und Kleinasiaten, von welchen letzteren wiederum die Juden einen ziemlich bedeutenden Bruchtheil ausmachten.

Obwohl man nun bei dem Aufbau der Stadt zunächst keineswegs das Prinzip der Schönheit zur Norm gemacht hatte, sich bei demselben vielmehr nur von dem augenblicklichen Bedürfnisse, gegen Wind und Wetter geschützt zu sein, hatte leiten lassen, demgemäß Wohnungen entstanden waren, die ein seltsames Gewirre von antiken Säulen, Simsen, Pilastern aus Syenit und Marmor, mit Gold und Silber verziert, und hölzernen Hütten, deren Dächer aus Rohr und Stroh bestanden, bildeten, so hatte die Colonie doch sehr schnell einen solchen Aufschwung genommen, daß sie bereits zur Zeit des Apostels eine große Stadt und der Stapelplatz ungeheurer Reichthümer geworden war.

Dieser Aufschwung des neuen Corinth war besonders durch zwei Punkte hervorgerufen worden, einmal durch die äußerst günstige Lage an zwei Meeresküsten, sodann durch die glücklichen Zeiten unter den römischen Kaisern Augustus, Tiberius und Claudius. Die günstige Lage an den beiden Meeresküsten hatte Corinth, bei der Schwierigkeit der Umschiffung des Peloponnes und der Leichtigkeit, Waaren über den schmalen Isthmus zu schaffen, zu einem Transitplatz gemacht, wie ihn die Welt nicht zum zweiten Male gekannt hat. Dazu waren dann auch noch die guten Häfen von Kenchreae und Lechaeon gekommen. Zu Kenchreae, am ägäischen Meere, lagen die großen asiatischen und alexandrinischen Handelsschiffe, zu Lechaeon die zahllosen Boote, die den Verkehr mit Italien vermittelten. Zu den Zeiten der vorher erwähnten Kaiser hatte sich der Handelsverkehr Corinths aber so unglaublich gesteigert, daß, so weit es sich um die Communication von Orient und Occident handelte, alles, was Waare hieß, den Weg über den Isthmus nahm. Der Balsam Arabiens, die Datteln Phöniziens, der Papyrus Aegyptens, das Elfenbein und die Felle Lybiens, die Teppiche Babyloniens, die Haargeflechte Ciliciens, die Wolle Lycaoniens, die Sclaven Phrygiens, alles dies fand in diesem neuen Corinth seinen Umsatz. Dabei hatte die Stadt selbst auch noch ihre ganz eigenthümliche Industrie. Bei ihrem Wiederaufbau hatte man nämlich viele eherne Schalen und Gefäße gefunden. Da nun nach denselben große Nachfrage entstanden war, so hatten sich die unternehmenden und kunstfertigen Colonisten auf die Nachbildung dieser alten Formen in Thon und Erz gelegt. Diese nachgeahmten Alterthümer nun bildeten eine in Handel und Wandel ganz besonders gesuchte Specialität des neuen Corinth.

Das religiöse Leben der Stadt drehte sich hauptsächlich um den Cult der Gottheiten des Meeres, vor allem um denjenigen des Neptun, dessen Heiligthum schon seit grauer

Vorzeit auf dem Rücken zwischen den beiden Meeren thronte, und dem die berühmten isthmischen Spiele gewidmet waren. Er thronte mit dem Dreizack in Tempeln und heiligen Hainen. Aber auch seine Gattin Amphitrite, ferner Thalatta, die Göttin des Mittelmeeres, weiter Isis Pelagia, die die alexandrinischen Schiffe hütete, Leukothea, die leuchtende Meeresflocke, Palemon, der Hafengott, der auf dem Delphin ritt, Tritonen, die auf Muscheln bliesen, und Nereiden, die mit den Fischen scherzten, die Bildsäulen der Galene, der Meeresstille, und des Tindareus Söhne, die Schiffe und Seefahrer retteten, waren dem Corinther heilig. Ihre Symbole begegneten dem Wanderer auf Schritt und Tritt, an Tempeln, auf den zahlreichen Brunnenhäusern und in den heiligen Hainen. Aber auch Tyche und Fortuna, Hermes und Mercur wurden verehrt, die launischen und verschlagenen Gottheiten des Kaufmanns. Handeln und Uebervortheilen war ja die Losung des Corinthers. Eine andere Gottheit der reichen Stadt war ferner Aphrodite, die sowohl auf dem Acrocorinthos, als auch in Kenchreae vielbesuchte Heiligthümer hatte. Der Dienst dieser Göttin war aber zu Gunsten der Fremden, Matrosen und Kaufleute in keiner griechischen Stadt so sittenlos, wie in Corinth, und die Erzählungen von den bei ihrem Cult vorgefallenen Ausschweifungen hatten die Stadt weit und breit berüchtigt gemacht. — Hinsichtlich der Vermögensverhältnisse zerfiel die corinthische Bevölkerung in zwei sich schroff gegenüberstehende Klassen, in Reiche und Arme. Beide Klassen waren aber darin wieder einig, daß sie gleichmäßig dem Laster ergeben waren. Die jungen aufgeblasenen Kaufleute, die immer und überall ihr göttliches Corinth im Munde führten, verschwendeten ihr Hab und Gut mit den berüchtigten Courtisanen des Isthmus, und die Proletarier, besonders die zahlreichen Sclaven, deren die reichen und vielbeschäftigten Handelshäuser für Geschäft und Luxus nöthig hatten, — später zählte man deren fast eine halbe Million, — fröhnten besonders dem Laster des Trunkes, und zwar so sehr, daß der corinthische Trunkenbold sogar sprüchwörtlich wurde und auf der Bühne der Corinther nie anders als betrunken vorkam.

So sah das Corinth aus, in das der Apostel zu Ende des Jahres 54 eintrat; zwischen den zahlreichen herrlichen Tempeln und Säulengängen des reinsten griechischen Stils sah er ein von Lastern vergiftetes und von der Sünde und ihrem Fluche zerfressenes Geschlecht herumwandeln. — Die persönliche Lage des Apostels war zunächst keine beneidenswerthe, denn er befand sich in dieser fremden und ihm so unsympathischen Stadt anfangs ganz allein. Silas und Timotheus waren noch nicht aus Macedonien nach Corinth gekommen, und an dem neuen Aufenthaltsorte hatte er vorläufig Niemand, dem er sich hätte anvertrauen können. Und der Apostel hatte doch so sehr das Bedürfniß eines persönlichen Anschlusses, ohne welchen er sich leicht vereinsamt und gedrückt fühlte! Scheu von Natur, wie Alle, die sich auf ihren Körper nicht vollständig verlassen können, mußte er zu der vollen Entfaltung seiner Kraft immer das Gefühl eines persönlichen Rückhaltes haben. Und dieser fehlte ihm eben hier zunächst gänzlich. Außerdem sah er sich auch noch, da er Niemanden belästigen wollte, bald bitterem Mangel preisgegeben. Lange währte dieser doppelt drückende Zustand glücklicher Weise indessen nicht. Einerseits fand er nämlich bald Gelegenheit, in einem corinthischen Hause mit Erfolg das Evangelium zu verkünden und so zugleich auch Menschen kennen zu lernen, denen er sein Herz ausschütten konnte, andererseits sah er auch bald Silas und Timotheus wieder bei sich, die nicht nur sein Herz durch gute Mittheilungen über die macedonischen Gemeinden erfreuten, sondern auch durch Ueberbringung von Geschenken seitens der Philipper seiner materiellen Noth ein Ende machten. —

Wo der Apostel in Corinth die ersten Anknüpfungspunkte fand, um das Evangelium zu verkündigen, das wissen wir nicht. Aber das ist sicher, daß die ersten Bekehrten nicht Israeliten, sondern Heiden waren. Die ersten corinthischen Christen gehörten nämlich zu den Sclaven einer griechischen Dame, Namens Chloë, und hießen Stephanas, Fortunatus und Achaïcus. Von diesen dreien schloß sich wiederum zuerst dem Christenthume Stephanas mit seiner Familie an, er war, um mit dem Apostel zu reden, der Erstling Achajas,

die beiden anderen folgten ihm aber darin in nicht allzu=
langer Zeit nach.

Den S t e p h a n a s sammt seinen Angehörigen taufte
P a u l u s selbst, da er zur Zeit der Bekehrung desselben
noch allein in Corinth war; sonst überließ er dieses Geschäft
seinen Begleitern. Eine Gesindestube war also der Ort, wo
sich die ersten corinthischen Christen zusammenfanden. Diese
Gesindestube in dem Hause der C h l o ë blieb denn auch noch
in der Folge immer einer der Hauptsammelpunkte der dortigen
Christen, und namentlich war es die Familie des S t e p h a =
n a s , die sich nach des Apostels eigener Aussage der christ=
lichen Sache mit großem Eifer widmete.

Zu diesen ersten Heidenchristen gesellte sich dann bald
darauf auch noch eine judenchristliche Familie. Der Apostel
stieß nämlich, wahrscheinlich, indem er Arbeit suchte, auf einen
aus P o n t u s gebürtigen Juden, Namens A q u i l a , welcher
dasselbe Handwerk wie Paulus betrieb. Derselbe war mit seiner
Frau P r i s c i l l a , die auch P r i s c a genannt wird, kurz
vorher zu L e c h ä u m , von Rom her kommend, gelandet. Die
beiden Ankömmlinge hatten nämlich dort bereits zu den
Messiasgläubigen unter den Juden gehört, sich vermuthlich auch
an den in dem römischen Judenviertel über die Messianität Jesu
geführten Wortkämpfen stark betheiligt, und waren nun, als
sie sich durch das Edict des Kaisers C l a u d i u s , welches den
Juden den weiteren Aufenthalt in der Hauptstadt verbot,
gezwungen gesehen hatten, Rom zu verlassen, nach C o r i n t h
übergesiedelt. Hier hatten sie sich dann ebenfalls wieder der
Sache des Evangeliums angeschlossen. Mit Aquila vereinigte
sich nun Paulus zu gemeinsamem Wirken. Bald darauf
waren dann auch noch, wie schon gesagt, S i l a s und
T i m o t h e u s in Corinth eingetroffen, der erstere noch dazu
mit Geschenken der Philipper, so daß sich der Apostel nun
auf einmal auch seiner materiellen Noth überhoben gesehen hatte.

Die Lage des Apostels zu Corinth hatte sich somit wesentlich
zu seinen Gunsten verändert. Einsam und wohl auch ohne genü=
gende Existenzmittel hatte er zu Anfang seines Aufenthaltes in dieser
Stadt dagestanden, von seinen erprobten Gefährten und neuen

Freunden umgeben weilte er jetzt nun in ihr. Der Anfang
zur Bildung einer corinthischen Gemeinde war ferner ebenfalls
gemacht. Der Apostel durfte ferner auch annehmen, daß sich die
Lehre Christi nun auch noch weiter verbreiten werde, daß sich
zu ihren bisherigen Bekennern, dem Aquila und der Priscilla,
dem Stephanas und seiner Familie, dem Fortunatus und
Achaïcus bald auch noch neue hinzugesellen würden. Und so
geschah es denn auch. Die corinthische Gemeinde entwickelte sich in
der That so sehr, daß sie bald zu den bedeutendsten mit zählte.

Den natürlichsten Anknüpfungspunkt zur weiteren Aus=
breitung des Christenthums bot nun auch hier wiederum die
Synagoge, deren Vorsteher damals C r i s p u s war, nach
dem lateinischen Namen zu schließen, ein Abkömmling einer
ansässigen römischen Colonistenfamilie, und in diesem Falle
entweder Proselyt der Gerechtigkeit oder der Sohn eines Pro=
selyten, da er sonst nicht ein Synagogenamt hätte bekleiden
können*). P a u l u s wies nun bei seiner Predigt des
Evangeliums in der Synagoge, wie überall so auch hier, vor
allem darauf hin, daß die Schrift selbst lehre, daß der
Messias l e i d e n müsse, daß also auch das Leiden des von
ihm als Messias verkündigten Jesus von Nazareth durchaus
schriftgemäß sei, daß ohne dieses Leiden der Messias die
Menschen mit Gott gar nicht hätte wieder versöhnen können.
Das Wort von dem g e k r e u z i g t e n Messias, das den
J u d e n einerseits geradezu als eine Gotteslästerung erschien,
da nach ihrer Meinung der Davidide eine glänzende, sieg=
reiche, über die zu Boden geschmetterten Feinde des Reiches
Gottes triumphirende Erscheinung sein mußte, das den Hellenen
andererseits aber geradezu als eine Thorheit erschien und

---

*) Es gab nämlich 2 Arten von Proselyten, Proselyten des Thores
und Proselyten der Gerechtigkeit, von denen die ersteren sich nur auf die
Beobachtung der sogenannten 7 N o a c h i s c h e n Gebote verpflichteten,
die letzteren dagegen in aller Form zu dem Mosaismus übergetreten
waren. „Diese s. g. N o a c h i s c h e n Gebote untersagten nämlich
1. die Gotteslästerung, 2. den Gestirn= (überhaupt Götzen=) Dienst,
3. den Mord, 4. die Unkeuschheit, 5. den Raub, 6. die Widerspenstigkeit
gegen die Obrigkeit und 7. das Essen frisch abgeschnittener, noch
blutender Fleischstücke.“

von ihnen auch als solche verspottet wurde, das Wort vom
g e k r e u z i g t e n Messias bildete also auch hier das Haupt=
thema der evangelischen Vorträge des unermüdlichen Glaubens=
boten. Die Folge seiner Predigt war, wie in den Synagogen
M a c e d o n i e n s, daß zwar manche von den Juden seiner
Predigt Gehör gaben und messiasgläubig wurden, daß aber
die meisten von ihnen doch derselben eine heftige, leidenschaft=
liche Opposition machten, besonders darum, daß sie eben einen
g e k r e u z i g t e n Messias verkündigte, dann aber auch darum,
daß sie die messianischen Verheißungen auch auf die Heiden
ausgedehnt wissen wollte. Der Kampf zwischen den beiden
Parteien der Synagoge, den m e s s i a s g l ä u b i g e n und
den u n g l ä u b i g e n Juden, entschied sich, nach einigen Stellen
der Corintherbriefe zu schließen, endlich damit, daß sich die
factischen Spuren der Geistesausgießung einstellten, wie sie
in den jüdischen Gemeinden in Propheten, Zungenreden und
Wundern sich zu zeigen pflegten. Aber es war dabei gegangen,
wie es mit dem Wunderbeweis immer gehen wird, nämlich
diejenigen, die schon zuvor von der Messianität J e s u über=
zeugt waren, hatten das Wunder anerkannt, während die
anderen, die Ungläubigen, sich nur desto mehr in ihrem
Widerspruche verhärtet hatten. Während daher P a u l u s in ge=
glückten Heilungen und in der Thatsache des eintretenden Zungen=
redens schon ein Zeichen Gottes für die Ungläubigen gesehen hatte,
das ihre Gewissen erschüttern sollte (1. Cor. 14, 22; 12, 6—8),
waren die Gegner vielmehr geneigt gewesen, ihn als Betrüger
den Gerichten zu überliefern (Apostelgesch. 18, 23). So war
denn die Spaltung der corinthischen Synagogengemeinde in
Gläubige und Ungläubige entschieden, indessen doch nicht so
schroff, daß nicht spätere Wanderlehrer noch wiederholt hätten den
Versuch wagen dürfen, den Beweis der Messianität J e s u
aufs neue im Synagogengottesdienste zu führen (Apostelgesch.
18, 28; 1. Cor. 3, 6).

Das aber hatte der Zwiespalt der Meinungen doch gleich zur
Folge, daß P a u l u s den Entschluß faßte, die Synagoge nicht
mehr zu betreten. Ein Proselyt des Thores, Namens T i t i u s
J u s t u s, der ein Haus hart an der Synagoge besaß, bot ihm

daſſelbe zu ſeinen Vorträgen an. In dem Hauſe dieſes Proſelyten verſammelte ſich von nun an die kleine Gemeinde der meſſias= gläubigen Juden, um den Vorträgen des Apoſtels zu lauſchen. Da trat nun für das Gedeihen derſelben das wichtige Er= eigniß ein, daß der Synagogenvorſteher Crispus, der den Juden ſo oft die Torah (das Geſetz) vorgeleſen und ausgelegt hatte, ſelbſt zu der Gemeinde des Paulus übertrat. Das war ein ſo großer Erfolg für die evangeliſche Sache, daß Paulus, gegen ſeine ſonſtige Gewohnheit, an ihm die Taufe in eigener Perſon vollzog. Außerdem taufte er nur noch einen gewiſſen Cajus, einen Mann, der in ziemlich günſtigen Verhältniſſen lebte, auch ein eigenes Haus beſaß. In dem Hauſe dieſes Cajus und in demjenigen des Titius Juſtus fand nun die Gemeinde abwechſelnd Unterkunft. Bei demſelben Cajus nahm der Apoſtel auch Wohnung, als er bei ſeinem dritten Aufenthalte in Corinth die chriſtliche Gemeinde in eine pauliniſche und eine judaiſtiſche Partei geſpalten fand und ſich ſein Verhältniß zu der letzteren ſtark getrübt hatte. Mit der Zeit ſchloſſen ſich der corinthiſchen Gemeinde nun auch noch andere bedeutende Perſönlichkeiten an, ſo Eraſtus, ohne Zweifel ein Angeſeſſener, der ſogar ein öffent= liches Amt bekleidete, ferner Quartus und der ſchreibfertige Tertius, dem der Apoſtel den Brief an die Römer in die Feder dictirte, alles Männer, die ſchon ihr Name als corinthiſche Bürger und Abkömmlinge der alten lateiniſchen Veteranencolonie aus= weiſt. Dazu kamen dann auch noch aus dem Kreiſe der Juden 3 beſonders nennenswerthe Männer, nämlich Lucius, Jaſon und Soſipater; ſie zählten ſpäterhin mit zu den getreueſten An= hängern des Apoſtels. Die Eroberungen des Chriſtenthums in Corinth ſcheinen ſomit bis in die Regionen des mittleren Bürger= ſtandes gereicht, einige Juden, einige Proſelyten und zahlreiche Heiden umfaßt zu haben. Die große Mehrzahl der letzteren gehörte aber den unterſten Ständen an. Viele waren, nach des Apoſtels eigenem Berichte, als Sclaven berufen, viele Schwache und Kranke hatten ſich der frohen Botſchaft zugedrängt, aber nicht viel Mächtige, nicht viel Weiſe, nicht viel Wohlgeborene. Weder reiche Kaufleute, noch einflußreiche Beamte zählte die Gemeinde zu den Ihrigen, ſie konnte auch nicht mit vornehmen Namen prunken, und die Schriftgelehrten der Synagoge so gut, wie die Sophisten der Akademie hatten sich zu der Predigt des Paulus durchaus ablehnend verhalten. Der Apostel war vielmehr in die untersten Spelunken der Matrosen- und Sclavenstadt hinabgestiegen und hatte von dorther für die evangelische Gemeinde angeworben. Unzüchtige waren, wie Paulus selbst sagt (1. Cor. 6, 9), von ihnen manche vorher, ehe sie zum Christenthume übertraten, gewesen, Götzendiener, Ehebrecher, Lustknaben und Knabenschänder, Diebe, Betrüger, Trunkenbolde, dem Fluchen Ergebene und Räuber. So stellt sich uns denn die Arbeit des Apostels hier in Corinth wie die eines Missionars dar, der in dem verrufensten Viertel einer Weltstadt seinen Sitz aufgeschlagen hat, um in den letzten Spelunken des Lasters noch nach dem göttlichen Ebenbilde zu suchen, um da, wo Andere alle Hoffnung aufgeben, doch noch zu stöbern, ob er nicht im Aschenhäufchen noch einen Funken glimmend finde, den er wieder zur Flamme anfachen könne. Diese thatsächliche Lage muß man sich vergegenwärtigen, um zu begreifen, daß auch späterhin noch in der corinthischen Gemeinde Dinge vorkommen könnten, die in einem grellen Contraste zu dem Titel der Heiligen standen, mit dem Paulus die Bekehrten und Getauften zu beehren pflegte. Daß zu der Gemeinde auch eine große, vielleicht diejenige der Männer über- wiegende Anzahl von Frauen gehörte, geht aus den verschiedenen Vorschriften hervor, wie sie der Apostel für Jungfrauen, Ehefrauen, Geschiedene und Wittwen im ersten Corintherbriefe (vgl. das 7. und 11. Capitel) giebt, sowie aus der Rolle, die sich die Frauen bei den gottesdienstlichen Versammlungen herausnahmen. In dieser Beziehung ward nämlich die Mahnung nöthig: In kirchlichen Dingen rede die Frau nicht drein (Mulier taceat in ecclesia)! Namen sind uns allerdings nur von zweien überliefert worden, nämlich derjenige von der Priscilla, der Frau des schon mehrfach erwähnten pontischen Juden Aquila, und derjenige von der Phöbe, einer in Kenchreae wohnenden Diaconissin, die Vieler Beschützerin, auch die des Apostels (Röm. 16, 1—2) gewesen ist. Die Mittelpunkte des corinthischen Gemeindelebens bildeten aber immer die

Gesindestube der Chloë, das Haus des Titius Justus und das des Cajus.

Wie Viele die drei Glaubensboten, Paulus, Silas und Timotheus, in Corinth zum Evangelium bekehrten, das läßt sich nur ungefähr angeben. Da sich aber die Gemeinde, wie wir gesehen, in einem Privathause versammelte, die Häuser der Griechen und Römer aber, auch die der wohlhabenden, nicht so geräumig waren, wie die unsrigen, weil man sehr Vieles, was bei uns im Zimmer geschieht, im Freien that, so darf man die Köpfe der corinthischen Gemeinde nicht nach Hunderten, sondern nur nach Dutzenden zählen. Was gleich= falls auf keine allzugroße Anzahl ihrer Mitglieder deutet, das ist ferner auch der Umstand, daß die ganze Gemeinde nach 4 Jahren ihres Bestandes immer noch gemeinschaftliche Liebes= mahle (Agapen) feiern konnte. Auch machen es endlich die individuellen Angelegenheiten der Gemeinde, wie sie sich in den später nach Corinth gerichteten Briefen des Apostels wiederspiegeln, wahrscheinlich, daß die Größe der Gemeinde noch immer eine Bekanntschaft aller Glieder unter einander erlaubte, weil sonst der Apostel die Versammlungen der Ge= meinde nicht mit den verschiedensten Privat = Angelegenheiten (wie z. B. mit den einzelnen Ehehändeln, vergl. Cap. 7) behelligt haben würde. —

Aber wenn sich auch die messiasgläubige Gemeinde in der ersten Zeit nur auf mehrere Dutzend belief und in ihrer weiteren Entwickelung vielleicht die Zahl 100 nur wenig über= stieg, so erschien sie den Juden zu Corinth doch immerhin wichtig genug, um gegen sie gerichtlich vorzugehen. Daß die Proselyten Miene machten, sich neben der Synagoge selbst= ständig zu organisiren, das erschien ihnen nämlich als eine Nachäffung des jüdischen Gottesdienstes, nicht als Gehorsam, sondern als Hohn gegen das mosaische Gesetz. Und da ihnen nur von der römischen Obrigkeit der mosaische Cultus zuge= standen war, so konnten sie sich dem Glauben hingeben, der römische Proconsul Achajas werde eine von dem gestatteten mosaischen Cultus abweichende, kurz, eine anders lehrende (heterodoxe) Judengemeinde nicht dulden. Der damalige

Proconsul Achajas hieß Annaeus Novatus Gallio. Er war ein geistvoller Mann, ein Freund der griechischen Literatur, gefällig gegen Jeden, dabei jedoch Schmeichlern unzugänglich, von Natur leutselig, so daß er sich auch in herab= lassender Weise mit den Schiffsleuten seiner Residenz über Wind und Wetter unterhielt, kurz, ein wegen seiner Humanität, seines Witzes und seiner Sitten Freundlichkeit allgemein be= liebter Beamter. Vor seinen Richterstuhl nun schleppten die der messianischen Verkündigung feindlich gesinnten Juden Corinths den Apostel Paulus, ihn der Gesetzesüber= tretung anklagend. Dabei werden sie denn gewiß auch nicht unterlassen haben, sowohl auf die Unruhen hinzuweisen, welche in Folge der Kunde von dem erschienenen Messias unter den Juden Roms ausgebrochen waren, als auch ganz besonders des Umstandes Erwähnung zu thun, daß sich der Kaiser Claudius schließlich sogar gezwungen gesehen hatte, gegen diese Unruhstifter ein Ausweisungsedict zu erlassen. Indessen scheint ihre Anklage doch nicht präcis formulirt gewesen zu sein. Hätten die corinthischen Juden nämlich wegen Verbreitung eines nicht gestatteten Cultus (einer religio illicita) geklagt, so hätte in der That zweifelhaft sein können, wie der Proconsul entschieden hätte. Allein dazu scheinen sie sich denn doch noch nicht entschlossen zu haben, die Verkündigung des erschienenen Messias an sich als einen Abfall vom Judenthum anzusehen. Unter diesen Umständen konnte denn Gallio auch den Streit zwischen Juden und Christen als das betrachten, wofür er auch von den Gerichten der Hauptstadt (Rom) angesehen worden war, nämlich als einen Streit innerhalb der jüdischen Gemeinde über Lehre, Namen und Gesetz, der von der Synagoge selbst auszutragen sei. Zudem war er von Natur geneigt, die Dinge immer ihren Gang gehen zu lassen. So wies er denn auch die Urheber des Streites (Paulus, Silas und Timotheus) nicht aus, wie das dem Aquila von dem Prätor der Hauptstadt passirt war, verbot auch weder den Juden noch den Christen ihre religiösen Zusammenkünfte, sondern er begnügte sich damit, die Klage von seinem Forum einfach mit der Erklärung abzuweisen, daß zu ihrer Entscheidung die Synagoge selbst zuständig sei und der Thatbestand eines bürgerlichen Vergehens oder gar eines Verbrechens nicht vorliege, daß die Synagoge über **Paulus** den kleinen oder großen Bann verhängen, oder sich sonst wie helfen möchte, daß er, der Proconsul, jedenfalls darüber nicht entscheiden könne, ob der Messias der Juden erschienen sei oder nicht. Die Juden, mit diesem Resultate unzufrieden, wollten aber den Platz nicht räumen, und in ihrer Hartnäckigkeit zu bleiben gingen sie sogar so weit, daß es zu ihrer Entfernung erst noch der Gewalt bedurfte. Hatten sie bisher aber nur den Schaden gehabt, so sollten sie nun auch noch den Spott dazu haben. Inzwischen hatte sich nämlich vor dem Hause in großer Menge der griechische Pöbel angesammelt. Als nun die Juden von dem Forum des Proconsuls mit Gewalt weggetrieben wurden, da ergriff derselbe, immer des Spectakels froh, den Synagogenvorsteher **Sosthenes** und mißhandelte ihn unter den Augen der Obrigkeit in der Basilika, ohne daß **Gallio** sich seiner angenommen hätte. Nach dieser Niederlage ließen die ungläubigen Juden die Messiasgläubigen in Ruhe, so daß **Paulus**, eine einmalige kurze Unterbrechung abgerechnet, nun ziemlich lange Zeit, im Ganzen 1½ Jahr, in **Corinth** apostolisch wirksam sein konnte. — Seine apostolische Wirksamkeit beschränkte sich aber nicht nur auf die **Hauptstadt** Achajas, sondern sie erstreckte sich auch noch auf die Provinz, und zwar zunächst auf die in der Nähe von **Corinth** gelegenen Orte, wie **Kenchreae, Crombyon, Tenea, Sicyon, Schoinos** und **Lechäum.** Auf eine Gründung von messiasgläubigen Gemeinschaften auch in der Provinz läßt nämlich der Umstand schließen, daß sich die an die Corinther gerichteten Briefe des Apostels eine **achäische** Diaspora denken, die in stetem Verkehr mit der Muttergemeinde steht. In **Corinth** selbst aber verbrachte er natürlich die meiste Zeit seines achäischen Aufenthaltes, wie er denn auch die größte Mühe stets auf den immer weiteren Ausbau der Gemeinde der Provinzialhaupt= stadt verwandte. Von der Einrichtung ihres Gottesdienstes, sowie von ihrer Organisation können wir uns noch eine recht lebendige Vorstellung aus den Corintherbriefen machen. Nach

diesen fand man sich gewöhnlich im Hause des Titius Justus
zusammen, und zwar am Abend, wenn die Werkstuben
geschlossen waren, der Sclave abkommen und auch Paulus
und Aquila die lästige Arbeit zur Seite legen konnten.
Man hörte sitzend zu, und nur der erhob sich, der
sprechen wollte. Im Ganzen war die Einrichtung des eigent=
lichen Gottesdienstes dem Vorbilde der Synagoge ange=
paßt. Schriftlesung, Auslegung und Discussion bildeten
seine Hauptbestandtheile. In der Predigt trat die Ver=
kündigung des Weltgerichtes und der Auferstehung von den
Todten in den Vordergrund. Die Wirkung dieses religiösen
Lebens war eine wunderbare. Eine heilige Begeisterung fing
an Alle zu ergreifen. Wie ein fruchtbarer Frühjahrsregen
überall die zarten Keime der Pflanzenwelt hervorlockt, so gingen
in den Seelen der corinthischen Christen die Keime des
Guten auf. Ein Aufwachen aller Gaben, wie es die Zeiten
großer Begeisterung mit sich zu führen pflegen, fand statt,
ein Aufwachen alles dessen, was auf dem Naturgrunde des
hellenischen Wesens schlummerte. Mit dem hohen Inhalt des
Evangeliums fand sich bei diesen sonst so unscheinbaren Männern
Beredsamkeit, Tiefsinn und Lehrhaftigkeit ein, und Paulus
sah mit Stolz, wie die, die zuvor mit dem Haufen zu den
stummen Götzen hingeführt worden waren, selbst stumm und
willenlos wie ein Stück der Heerde, wie diese selben Männer
unter der Einwirkung des neuen Geistes individuelles
Leben, eigenthümliche Begabung und originelle Beredsamkeit
entwickelten. Er sah mit Dank gegen Gott, wie sie an jeg=
lichem Worte und an jeder Weisheit reich wurden und wie keine
Gabe der Gnade ihnen mehr mangelte. Neben den gemein=
samen Erbauungsstunden wurden ferner auch noch gemein=
schaftliche Mahlzeiten abgehalten, zu denen jeder Christ
seinen Beitrag mitbrachte und an deren Ende, wiederum im
Anschluß an den Ritus des jüdischen Passahmahles, die Aus=
theilung des gesegneten Kelches und Brotes stattfand. In
allen diesen Stücken traf der Apostel die nöthigen Anordnungen
selbst, und nach seinem eigenen Zeugnisse sind es dieselben,

6*

die in allen Gemeinden der damaligen Christenheit ebenso
eingeführt waren.

Was ferner die O r g a n i s a t i o n der corinthischen
Gemeinde anlangt, so gab es in ihr gleich von Anfang
an Diaconen und Diaconissinnen, die sich der Armen=
und Krankenpflege widmeten, wie z. B. die Familie des Sclaven
S t e p h a n a s , dessen Herrin C h l o ë ihren Leuten hin=
sichtlich ihrer religiösen Befriedigung überhaupt ziemliche Frei=
heit gelassen zu haben scheint, und die Diaconissin P h ö b e in
K e n c h r e a e , von der ausdrücklich berichtet wird, daß sie
vielen gedient habe. Im Ganzen behandelte der Apostel aber
Leitung und Verwaltung der Gemeinde doch immer noch mehr
als eine Gabe, sich geltend zu machen, denn als ein
bestimmtes Amt. In seinem s. g. ersten Briefe an die
Corinther (vergl. 1. Cor. 12, 27—29) spricht er nämlich wohl
von dem Amte des Apostels, des Propheten und des Lehrers,
aber nicht von einem solchen des Presbyters oder Vorstehers.
Für die er Gehorsam und Botmäßigkeit fordert, das sind
vielmehr die Gemeindestifter, wie das Haus des S t e p h a n a s ,
und diejenigen, die in ähnlicher Weise für die Gemeinde thätig
sind und sich bemühen, also wohl die Wirthe T i t i u s
J u s t u s und C a j u s (vergl. 1. Cor. 16, 16). Die Orga=
nisation der corinthischen Gemeinde war mithin eine ziemlich
lockere, wenigstens keine so straffe, wie in den macedonischen.
Dort hatte der angeborene militairische Zug der Macedonier
in dem christlichen Gemeindewesen eine solche von selbst und
auch gleich von Anfang an gebildet. Hier in C o r i n t h
hatte die hellenische Ungebundenheit alle Autorität der Gemeinde=
versammlung, wie es in der Ecclesia der Fall war, vorbehalten,
so daß nur die thatsächlichen Verdienste der Stifter, d. h. der
Erstlinge und derer, die etwas leisteten, ins Gewicht fielen.
Das war für die Weiterentwickelung der Gemeinde aber ein
großer Nachtheil. Es riß nämlich in derselben späterhin in
Folge eben dieses Umstandes ein sehr turbulentes und
tumultuöses Wesen ein. —

Geniale Naturen verlieren nie das Ganze aus den Augen,
auch dann nicht, wenn sie ihre Thätigkeit eine Zeit lang einem

einzelnen Theile in ganz specieller Weise widmen müssen.
So hatte der Apostel P a u l u s auch während seiner Wirksamkeit in Achaja seine eigentliche Lebensaufgabe nicht vergessen,
nämlich die, das Christenthum so weit wie möglich bekannt zu
machen. Als er daher in Corinth etwa ein Jahr lang thätig
gewesen war, unternahm er von dort aus auch noch eine
Reise nach dem Norden der Balkanhalbinsel, nämlich
nach der östlich vom Adriatischen Meere gelegenen römischen
Provinz Illyrien, damit auch da die Kunde von dem erschienenen
Weltheilande vernommen würde. Seine beiden Begleiter S i l a s
und T i m o t h e u s aber ließ er inzwischen nach Macedonien gehen, damit sie die dortigen Gemeinden in ihrem
Glauben stärkten. Von dieser seiner Wirksamkeit in Illyrien
wissen wir indeß nichts Näheres. Der Apostel selbst spricht
nicht weiter von derselben, als daß er nur einmal (Röm. 15,19)
kurz der Thatsache gedenkt, daß er auch in Illyrien das
Evangelium verkündigt habe, und dabei bemerkt, daß dieses
Land die äußerste Grenze seines bisherigen Missionsgebietes
bilde. Wahrscheinlich hat er sich dort nur kurze Zeit aufgehalten, mit seiner Predigt dort auch keine besonderen Erfolge
erzielt, weil er im anderen Falle doch gewiß noch irgend einmal Veranlassung genommen haben würde, von der Wirksamkeit in dieser Provinz ausführlicher zu sprechen.

Von Illyrien kehrte P a u l u s wieder nach Corinth
zurück. Aber wie verändert sollte er seine Gemeinde
dort wieder finden! In der Metropole Achajas hatte er
doch so lange gewirkt, daß er wohl meinen konnte, die
dortige Gemeinde würde auch während seiner Abwesenheit
sich in dem evangelischen Geiste weiter entwickeln, wie er in ihr
gepflanzt und gepflegt worden war, und evangelische Lehre und
evangelischen Lebenswandel je länger je mehr an sich eine frucht-
bringende Wechselwirkung ausüben lassen. Und wie bitter
sah er sich nun in dieser Voraussetzung getäuscht! Die doch
nicht allzu lange Abwesenheit in Illyrien hatte nämlich vollständig hingereicht, aus dieser Gemeinde den Frieden fast ganz
zu entfernen, Störungen so ernster Art in ihr entstehen
zu lassen, daß ihre gedeihliche Weiterentwickelung geradezu

in Frage gestellt erschien. Die Einen hinkten auf beiden
Seiten, besuchten die Synagoge und den Tempel und wohnten
dann auch wieder den christlichen Versammlungen bei, die Anderen
fluchten wie die ärgsten Heiden, die Dritten lebten von un-
redlichem Gewinn, Diebstahl und Raub, noch andere fröhnten
dem specifisch corinthischen Laster des Trunkes und waren in
allen Ausschweifungen der sittlich verpesteten Hauptstadt wohl
bewandert. Ja, in den christlichen Versammlungen selbst
waren sogar allerlei Unordnungen im Schwange. Kurz
der erste Aufschwung war durch Uneinigkeit, Eifersucht, leiden-
schaftliche Ausbrüche, Parteiintriguen, geschäftige Verläumbung,
zischelnde Ohrenbläsereien und gespreizte Aufgeblasenheit verdrängt worden. Der Grund dieses so auffälligen Umschlagens
in der Entwickelung der corinthischen Gemeinde lag in dem
gänzlichen Mangel einer straffen Organisation, in Folge dessen
den corinthischen Christen auch das lebendige Bewußtsein der
Zusammengehörigkeit fehlte. Als daher Paulus nach
Jllyrien, Silas und Timotheus nach Macedonien
davongezogen waren, nnd die Corinther sich so auf einmal
auf sich selbst angewiesen gesehen hatten, da waren sich viele
von ihnen verlassen und vereinsamt vorgekommen, und
zwar um so verlassener und vereinsamter, als sie nach dem
Uebertritt zu dem neuen Glauben auch vielfach ihre früheren
gesellschaftlichen Beziehungen abgebrochen hatten. Betroffen
hatten sich diese da einander angeschaut und zugeflüstert, daß
sie das Opfer der chimärischen Träume eines Phantasten geworden seien. Und je länger je mehr von diesem Wahne
erfaßt, hatten sie dann auch wieder mit ihren früheren
Bekannten Fühlung zu bekommen gesucht. Und anstatt sich wie
früher, fern von dem lärmenden Getriebe der Weltstadt, in der
Stille eines Privathauses an dem schlichten Worte des Evangeliums zu erbauen und, durch das Bewußtsein des gemeinsamen
Strebens nach einem hohen Ziele gehoben, dann auch immer
wieder aufs Neue und mit frischem Muthe den Kampf
mit den ungläubig gebliebenen Juden und Heiden
aufzunehmen, hatten sie vielmehr, wenn sie Judenchristen
waren, wieder die altehrwürdige Synagoge aufgesucht, oder,

wenn sie zu den Heidenchriften zählten, wieder die heiteren
Feste der griechischen Götter mitgefeiert. Von den Juden=
chriften hatten sich ihren früheren Glaubensgenossen wieder
viele genähert, weil ihrem ernsten Sinne das abgöttische
Verhalten mancher der heidenchriftlichen Mitbrüder hatte
anstößig erscheinen müssen. Von den Heidenchriften
hatten sich wieder viele an den heidnischen Götzenopfern
betheiligt, einmal, weil die Götzen für sie wirklich keine Bedeutung
mehr haben mochten, zum andern aber auch aus Charakter=
schwäche. Hatte z. B. die Hochzeit eines heidnischen Verwandten
gefeiert werden sollen, so hatte er, der Heidenchrift, um des
lieben Friedens willen es nicht über sich gewinnen können, die
üblichen Blumen nicht zu spenden und das übliche Böcklein
zum Tempel der Aphrodite auf den Akrokorinthos nicht
hinauf zu geleiten. Wenn ferner der heidnische Nachbar
dem Aesculap vielleicht einen Hahn geopfert hatte, weil
ihm das Kind wieder gesund geworden war, so hatte er, der
Heidenchrift, ebenfalls nicht fehlen mögen, um nicht theil=
nahmlos zu erscheinen. Manchen der Heidenchriften mochte
vielleicht auch die bittere Noth uud die quälende Sorge um
die tägliche Nahrung veranlaßt haben, zugleich mit den
armen Heiden wieder an den Altar der Götzen heran=
zutreten und so an einer unentgeltlichen Speisung theil=
zunehmen. Noch andere aus der Gemeinde hatten zwar
keinen Augenblick daran gedacht, von dem Evangelium
wieder abzufallen, hatten aber, in krankhafter Steigerung der
Hoffnung, daß der Anbruch des von dem Apostel verkündigten
Tages der Wiederkehr des Messias unmittelbar vor der Thür
stehe, den bestehenden Verhältnissen nicht mehr Rechnung
tragen wollen. So war seit der Abreise des Paulus nach Jllyrien
besonders den Sclaven unter den Gemeindemitgliedern ihre
persönliche sociale Stellung ganz unerträglich vorgekommen,
und den Begriff der chriftlichen Freiheit falsch verstehend,
hatten sie in ihrem neuen Glaubensstande sich nicht bloß
von dem Joche der Sünde, sondern nun auch von dem
der Sclaverei befreit sehen wollen; so hatten ferner seitdem
auch manche von den Frauen der Gemeinde erklärt, nun,

da sie Heilige geworden wären, könnten sie nicht mehr bei dem heidnischen Gatten bleiben. Bei noch anderen Mitgliedern der Gemeinde hatte sich gerade umgekehrt die Meinung fest= gesetzt, daß der Tag des Gerichtes noch gar nicht so nahe bevor stehe, als es der Apostel gelehrt, daß somit die gegenwärtigen Verhältnisse auch noch eine gute Weile Bestand hätten. In diesem Glauben hatten sich z. B. manche von den Wittwen der Gemeinde auf einmal wieder nach Männern umgeschaut, um eine neue Ehe zu schließen. Noch andere Mitglieder der Gemeinde endlich hatten einen Lebenswandel begonnen, der den sittlichen Forderungen des Evangeliums geradezu Hohn sprach. So gab es unter ihnen solche, die der ehr= lichen Arbeit den unredlichen Gewinn vorzogen, stahlen, ja sogar gewaltsame Räuberei trieben, und wiederum andere, die sich einander übervortheilten und dann vor dem heidnischen Prätor verklagten.

Derartig verändert fand Paulus die corinthische Gemeinde, die er unter so großen Mühen gestiftet hatte, als er von Illyrien wieder in Corinth eintraf. — Der Apostel setzte alle Hebel in Bewegung, um die erwähnten Schäden wieder zu beseitigen. Er ermahnte, er bat, er drohte mit Straf= wundern, er setzte Fristen fest, in denen sich die Corinther bessern sollten, allein alles war und blieb vergebens. Seine Autorität wurde von ihnen nicht mehr respectirt. Und ob= wohl er sich wieder ziemlich ein ganzes Vierteljahr in Corinth aufhielt, einen irgendwie entscheidenden Einfluß konnte er auf die Gemeinde doch nicht wieder gewinnen. Auch nachher waren es immer nur die traurigsten Erinnerungen, die sich für den Apostel an diesen zweiten corinthischen Aufenthalt knüpften, und so oft er sich auch später vornahm, dorthin wieder zurückzukehren, immer fehlte ihm der Muth dazu. Die Corinther hatten ihn eben in seinem Vaterstolze zu sehr gedemüthigt. — In der Zeit dieses nur durch die Reise nach Illyrien unterbrochenen corinthischen Aufenthaltes schrieb Paulus die beiden Briefe an die Thessalonicher. Aller seiner Gemeinden gedachte ja der Apostel stets in väterlicher Liebe. Während er in Corinth wirkte, waren es aber ganz besonders

die m a c e b o n i s ch e n, auf die sich diese seine väterliche Für=
sorge erstreckte. Einem liebevollen Vater gleich, der sorgsam die
körperliche und geistige Entwickelung seiner Kinder überwacht,
hatte auch der Apostel P a u l u s in dieser Zeit alle inneren und
äußeren Ereignisse in seinen macedonischen Gemeinden verfolgt,
um, falls es nöthig wäre, ihnen sofort mit Rath und That zur
Seite zu stehen. Und unter diesen macedonischen Gemeinden
war es nun besonders diejenige von Thessalonich, die aller=
dings seinen Rath wiederholt nöthig hatte. Und da er ihr diesen
nicht in Person ertheilen konnte, so that er es eben schriftlich.
Auf diese Weise entstanden seine beiden Briefe an die Thessa=
lonicher. Den ersten derselben schrieb er in der ersten Zeit
seines Aufenthaltes zu Corinth, bald nachdem seine beiden Missions=
gefährten, S i l a s und T i m o t h e u s, daselbst angekommen
waren, also gegen das Ende des Jahres 53 etwa. Von diesen
hatte er nämlich erfahren, daß die Brüder zu T h e s s a l o n i ch,
welche gleich von dem Augenblicke ihrer Bekehrung zum Christen=
thume an seitens ihrer heidnischen Stammesgenossen, aber wahr=
scheinlich wiederum erst auf Anstiften der ungläubig gebliebenen
Juden, heftig angefeindet worden waren, ihres Glaubens halber
vielfach hart bedrängt wurden. Nun wollte er dieselben durch
ein eigenes Schreiben darin bestärken, das angenommene
Evangelium standhaft festzuhalten. Den zweiten Brief schrieb
der Apostel gegen das Ende seines corinthischen Aufenthaltes,
als er aus Illyrien wieder nach Corinth zurückgekehrt war,
also im Jahre 55. Zu diesem wurde er durch die Nachricht
von gewissen geistigen Verirrungen veranlaßt,
die in der Gemeinde zu Thessalonich ausgebrochen waren und
vor denen er sie nun nachdrücklichst gewarnt sehen wollte. —
Anderthalb Jahre lang war P a u l u s so in C o r i n t h
als Glaubensbote thätig gewesen, lange genug zwar, um den
Grundstein des evangelischen Gebäudes dort zu legen, aber
doch noch nicht lange genug, um dieses Gebäude auch so weit
zu führen, bis alles unter Dach war, als er im Frühjahr 55
wieder nach Antiochien in Syrien zurückreiste. Er fuhr von
Kenchreä aus zunächst zu Schiff nach Ephesus. Diese Strecke
legte er in der Begleitung von A q u i l a und P r i s c i l l a

zurück, die in demselben Frühjahre nach Ephesus übersiedelten.
Von hier begab sich der Apostel, nachdem er in dieser Stadt
sich eine kurze Zeit lang aufgehalten hatte, nach Jerusalem.
Nach Jerusalem nahm er aber seinen Weg erst noch,
um die Häupter der dortigen Gemeinde durch die Mittheilung
über die Erfolge des Evangeliums in Achaja für seine
Missionspraxis, wenn nicht zu gewinnen, so doch gegen dieselbe duldsamer zu stimmen. Von Jerusalem reiste er dann
über Caesarea (Palästina) nach Antiochien in
Syrien, wo er im Spätherbst 55 eintraf (vergl.
Apostelgeschichte 15, 36; 18, 22). —

Das wichtige Ergebniß dieser sogenannten zweiten
Missionsreise des Apostels Paulus war die Begründung
des gesetzesfreien Christenthums auf dem classischen Boden
von Macedonien und Achaja.

Fünftes Capitel.
Die dritte Missionsreise des Apostels.
Spätherbst 55 bis Pfingsten 59.

Nach einem kurzen Aufenthalte in Antiochien trat
Paulus im Spätherbst 55 seine dritte Missionsreise an.
Das Ziel seiner Reise war dieses Mal die römische Provinz
Asien, genauer, Ephesus, die durch ihren Dianatempel damals
weithin berühmte Hauptstadt dieser Provinz. Zunächst zog
er wieder durch die Provinz Galatien (Lycaonien
und Pisidien), um seine dortigen Gemeinden (zu Derbe,
Lystra, Iconium und Antiochien) aufs neue vor
der in sie eindringenden judaistischen Richtung nach Mög-
lichkeit zu warnen und im echten evangelischen Glauben an
Jesum Christum zu befestigen. Er hielt sich indessen dieses
Mal nicht lange bei ihnen auf, da es ihn drängte, den Ort
seiner nächsten Wirksamkeit so rasch als möglich zu erreichen.
In Galatien und Achaja hatte er den Namen Jesu Christi
bereits verkündigt, aber das in der Mitte von beiden gelegene
Land, die römische Provinz Asien, hatte aus seinem Munde
die frohe Botschaft noch nicht vernommen. Sobald als es
daher die galatischen Gemeinden ihm nur gestatteten, begab er
sich auch unverzüglich durch Phrygien nach dieser Provinz.

Die römische Provinz Asien, aus dem von den Römern im Jahre 130 v. Chr. ererbten pergamenischen Reiche erwachsen, umfaßte zur Zeit des Apostels das ganze vordere Kleinasien, von der galatischen Grenze bis zur Küste, d. h. die Landschaften Unterphrygien, Mysien, Carien und Lydien sammt den dazu gehörigen Inseln. Es war das Gebiet, wo die Wiege der griechischen Cultur gestanden hatte. Dichter, Künstler und Philosophen hatten diese Gegenden berühmt gemacht. Dichter wie Homer, Anacreon und Mimnermos hatten hier ihren Zeitgenossen ihre unsterblichen Gesänge vorgetragen; Künstler wie Parrhasius und Apelles hier ihre Meisterwerke geschaffen; Philosophen wie Thales, Anaximenes, Anaximander und Heraclit hier über die tiefen Räthsel des Lebens nachgedacht. Und an dieser culturhistorischen Tradition hielt man in dieser Gegend auch zur Zeit des Apostels Paulus noch fest. Auch damals war Ephesus noch ein Ort, wo Philosophen und Rhetoriker glänzten, den man aufsuchte, um Schätze des Wissens zu sammeln. — Die Stadt selbst lag ungefähr eine Meile von der Küste des ikarischen Meeres, an eine niedrige Hügelwand gelehnt, durchschnitten vom Flusse Kayster. An der Mündung desselben, im Norden, war die Rhede und der Hafen Panormus. Hier herrschte fortwährend ein sehr reges Leben, hier fluthete auch ununterbrochen ein Verkehr, wie ihn nur die bedeutendsten Handelsstädte kennen. Europa und Asien reichten sich hier die Hände. Ueber das ägäische Meer kamen die Waaren des Westens, damit sie in das Innere Asiens wanderten, und umgekehrt luden hier wiederum die Karavanen Asiens die Produkte des Ostens ab, damit sie in Europa ihren Absatz fänden. Wer in dem Hafen von Panormus so dahinwanderte, der wußte kaum, ob er mehr hören oder sehen sollte. An das Ohr schlugen nicht nur die fremdländischen Töne der verschiedensten Nationen, nein, auch die Stimmen der Sänger und Saitenspieler, der Flöten- und Posaunenbläser. Und das Auge sah nicht nur Schiffe ein- und auslaufen, nein, es blieb dort auch auf den seltensten und mannigfachsten Waaren haften. Da gab es zierliche Gegenstände von Gold und Silber und Edelstein, Perlen, Byssus, Purpur, Seide und Scharlach, allerlei Geräthe von Elfenbein und allerlei Geräthe von köstlichem Holz und von Erz und von Eisen und von Marmor, Zimmt, Ammon und Rauchwerk, Salben und Weihrauch, Wein und Oel, Semmelmehl und Waizen, Vieh, Schafe und Pferde, Wagen und Sclaven.

Neben dem Hafen bildeten dann auch noch besonders die Cultusstätten die Sammelpunkte der ephesinischen Bevölkerung, und unter diesen war es vor allen wieder das uralte Heiligthum der Diana, um welches sich unabläffig eine große Menge von frommen Heiden drängte. Ihr neuer Tempel war so prachtvoll, daß er unter die Wunderwerke der Welt gerechnet wurde. Die Göttin ward hier als vielbrüstige (multi-mammia) verehrt. Ihr aus Rebenholz gefertigtes Bild, in Mumiengestalt, mit vielen Brüsten, das einst vom Himmel gefallen sein sollte, stand in diesem Tempel, umgeben von den köstlichsten, aus der Hand des Praxiteles, Scopas und Thrason hervorgegangenen Statuen. Der Tempel, der mit dem Rechte des Asyls begabt war, lag in den Niederungen außerhalb der Stadt, nahe bei dem Hafen und den fisch= reichen Seen, die dem Tempel zu eigen waren. Die Göttin war nämlich eine der reichsten Asiens, da Perser und Hellenen gewett= eifert hatten, sie zu beschenken. Innerhalb ihres heiligen Bezirkes war eine der größten und sichersten Depositenbanken des Alterthums. Ganz abgesehen aber von den kostbaren Weihgeschenken, die die Tempelhöfe bargen, gehörten ihr auch noch weite Wälder und fischreiche Seen, deren Herausgabe ihre Priester immer wieder erzwungen hatten, so oft sie auch säcularisirt worden waren. Der Megabyzos dieses Tempels, d. h. der Oberste der Eunuchen, lenkte vermittelst dieses unge= heuren Reichthums sowohl die Großen der Provinzialhauptstadt, wie auch ihren Pöbel ganz nach seinem Wunsche. Ihr seltsames Bild war ein gern getragenes Heiligthum, und in unglaub= licher Anzahl wurden kleine Nachbildungen des Tempels verkauft, die man in Häusern aufstellte oder auch auf Reisen mit sich führte. Diese Diana der Ephefer hatte aber keinerlei

Ähnlichkeit mit der dorischen und arkadischen Artemis, sondern die Göttin der Ephefer war Cybele, nur daß die Jonier sie mit Artemis verwechselt hatten. Ihre Priester mußten entmannt sein. Da nun bei dem Abscheu der Hellenen vor dem Eunuchenthum sich unter ihnen nur selten Leute fanden, die um diesen Preis die Würde des Tempels erwerben wollten, so hatte sich in die hellenisch gewordene Stadt doch auch wiederum ein Stück Orient eingedrängt, das zwar den Gebildeten je länger je mehr anstößig wurde, das aber um so mehr die Masse fanatisirte.

Das Charakteristische des Dienstes dieser ephesinischen Göttin waren die Prozessionen und korybanthischen Umzüge der Priester derselben. Bewaffnet rannten sie nämlich in enthusiastischen Tänzen, begleitet von dem rauschenden Tone der Cymbeln und Handpauken, der Pfeifen und Hörner, brennende Kienfackeln in der Hand, mit zerstreutem Haar und unter wildem Geschrei durch Straßen und Felder. Diese heiligen Zigeuner des Cybeledienstes durchzogen aber nicht blos von Zeit zu Zeit lärmend die Stadt, sie trieben unter dem Schutze der Gottheit auch den ärgsten Unfug. Diese Bettelpriester waren nämlich zugleich auch Kuppler und Unterhändler alles Schlechten, und die Nachtfeiern der Cybele waren wahre Fallen der Tugend und Unschuld. Neben dem Heiligthume der großen Diana gab es aber auch noch andere Cultusstätten, um die sich das Treiben der Ephefer concentrirte, so der im Süden von der Stadt gelegene und von dem Flusse Cenchrius durchströmte Hain der Latona, wo einst die Cureten die Latona nach der Geburt des Apollo und der Diana gegen die Feindseligkeiten der Juno verborgen gehalten und durch das Getöse ihrer Waffen vor den wilden Thieren geschützt haben sollten, so ferner auch der Tempel des Herakles und der in der Nähe der Stadt gelegene Hügel des Hermes. Wo so der Aberglaube im Großen blühte, da fehlte es natürlich auch nicht an den kleinen Gaunern, die durch Wahrsagen, Zaubern und den Verkauf von Amuletten die große Menge berückten. Weltbekannt waren damals namentlich die ephesinischen Zauberformeln (die s. g. Ephesia grammata).

Und welche große Bedeutung grade diesen Zauberern von Ephe=
sus damals Hoch und Niedrig beimaß, das sieht man besonders an
zweien derselben, an Balbillus und Apollonius. Balbil=
lus, ein von Ephesus gebürtiger Astrolog, hatte ein solches Ansehen,
daß ihm zu Ehren der römische Kaiser Vespasian der Stadt
sogar einige Privilegien erneuerte. Apollonius aber hat unter
dem römischen Kaiser Nero den Beweis geliefert, wie tief die ephe=
sinische Bevölkerung noch im Aberglauben versunken war. Als
nämlich einmal die Stadt von der Pest heimgesucht wurde, da führte
dieser Gaukler eine zusammengeraffte Menge nach dem Theater
und wies ihr dort einen in Lumpen gehüllten Greis als den, der die
Pest verursacht habe. Sofort griff der Pöbel zu Steinen und
steinigte das Ungethüm, und als man die Steine wieder weg=
räumte, fand man die Leiche eines der Wuth erlegenen
molossischen Hundes. An dem Platze aber, wo man den
Dämon gesteinigt hatte, ward das Bild des Herakles
Apotropaios, d. h. des Herakles, der das Verderben ab=
wendet, aufgestellt.

In Ephesus war auch der Sitz des römischen Proconsuls. Um
ihn drängte sich wiederum das Getriebe der römischen Ver=
waltung, da alle Geschäfte der Provinz, juristische, militärische
und politische hierher zusammenflossen. Die Stadt war mit
einem Worte damals eine sehr glänzende. So besaß sie
z. B. auch ein Theater, das, nach seinen noch vorhandenen
Trümmern zu schließen, gegen 30,000 Menschen gefaßt haben
muß*).

Wie die übrigen Provinzialhauptstädte des römischen
Reiches, so hatte auch die Stadt Ephesus ihr nicht un=
bedeutendes Judenviertel. Und zwar waren hier die Nachkommen

---

*) Heut zu Tage sind von dieser einst so blühenden Stadt aller=
dings nur noch ärmliche Trümmer übrig. Zweimal ist sie im Laufe
der christlichen Aera nämlich zerstört worden, einmal 262 n. Chr. von den
Gothen, und zwar so gründlich, daß von dem prächtigen Dianatempel
fast keine Spur mehr blieb; das andere Mal im Anfange des 14. Jahr=
hunderts von den Türken. Von der ersten Zerstörung hat sie sich noch
einmal wieder erholt und sogar zu einer neuen Blüthe emporgearbeitet,
seit der zweiten ist sie aber ein elender Trümmerhaufen geblieben.

Abrahams schon seit ziemlich langer Zeit ansässig. Schon die Diadochen hatten ihnen gegen den Widerspruch der angesessenen Bürgerschaft gestattet, sich Ephesier zu nennen, und ihr rascher Anschluß an Rom hatte ihnen, wie anderwärts, so auch hier ebenfalls nur gute Früchte getragen. Von dem Proconsul Dolabella und anderen römischen Beamten hatten sie sich sogar mannigfaltige Privilegien zu erwirken gewußt. So war z. B. ihr Gottesdienst unter den Schutz der Archonten gestellt, und der Sohn des ephesinischen Juden von dem Militärdienst befreit worden. Mit dem Tempel zu Jerusalem war die Synagoge zu Ephesus immer in dem lebendigsten Verkehr geblieben. Ein reges religiöses Leben unter sich und eine eifrige Propaganda für das Judenthum unter den griechischen Mitbürgern waren die Merkmale, durch die sich die ephesinischen Juden vor ihren Glaubensgenossen an anderen Orten ganz besonders auszeichneten. Zu Statten kam ihnen bei dieser Propaganda allerdings sehr der mit dem wüsten Cultus der Diana vielfach verbundene Unfug, den die Einsichtigen unter den Heiden selbst nicht gutheißen konnten, von dem sie sich auch alle voller Abscheu abwandten. Viele von denselben fanden nun dafür einen Ersatz in der Philosophie, viele wandten sich aber auch der Synagoge zu. Und da nun die ephesinische Judenschaft nicht nur den Interessen des Handels lebte, sondern sich auch stets ihrer religiösen Mission unter den Heiden wohl bewußt war, und zwar in dem Maße, daß aus ihrem Kreise sogar wiederholt der directe Versuch hervorging, die sittliche Entrüstung der griechischen Mitbürger über diese unsittlichen Zustände geradezu wach zu rufen, so kam es, daß die Synagoge zu Ephesus nicht nur immer einen ziemlich großen Kreis von Proselyten um sich versammelt hatte, sondern auch dem Cultus der Diana so sehr Abbruch that, daß sich von den Heiden für ihn fast nur noch diejenigen interessirten, deren materielle Interessen mit seinem Bestande verknüpft waren, nämlich vor allen die Bilderhändler, dann aber auch alle die, welche an die reichen Stiftungen des Tempels der Diana irgendwie ein Anrecht hatten. Bei einem so regen Interesse für die väterliche Religion und bei der stetigen Verbindung mit der Judenschaft zu Jerusalem war es natürlich, daß unter den ephesinischen Juden denn auch die messianische Frage viel erörtert wurde, daß, wie zu Jerusalem, so auch zu Ephesus, die Juden voller Sehnsucht der Erscheinung des Messias entgegensahen und jedes Symptom derselben begierig aufgriffen. Und so hatte denn unter den Juden von Ephesus auch die Taufbewegung am Jordan schon Anklang gefunden. Als nämlich Aquila und Priscilla im Jahre 55 nach Ephesus übersiedelten, da fanden sie dort eine Gemeinde von Taufgesinnten oder Johannesjüngern vor. Ja, es hatte sich zu derselben Zeit sogar auch schon eine messiasgläubige Gemeinde dort gebildet, allerdings vorzugsweise noch aus geborenen Juden. Doch hatten sich auch diesen Christen schon einige Proselyten angeschlossen, so z. B. Epainetos, ein Mann, der dadurch bemerkenswerth ist, daß er überhaupt der erste war, der von den ephesinischen Proselyten das Christenthum annahm.

Diese also schon vor der Wirksamkeit des Paulus zu Ephesus entstandene messiasgläubige Gemeinde war aber eine streng jüdisch gesinnte, hielt sich auch nach wie vor zur Synagoge und stand auch mit den 12 Aposteln zu Jerusalem in Beziehung, und zwar unmittelbar durch die Christen Andronicus und Junias. Die Judenschaft in Ephesus zerfiel demnach zu der Zeit, als der Apostel Paulus zu einem längeren Aufenthalte in der Haupt= stadt des proconsularischen Asiens eintraf, in 3 Gruppen, nämlich 1. in solche, welche sich sowohl gegen die Johannes= taufe wie gegen das Evangelium ablehnend verhielten, 2. in solche, welche die von Johannes dem Täufer gepredigte Taufe angenommen hatten und 3. endlich in solche, welche glaubten, daß in Jesu von Nazareth der lang ersehnte Messias erschienen sei.—Wie überall, wo es Juden gab, so wandte auch hier der Apostel seine Schritte zunächst nach der Synagoge, um dort den Juden aus der Schrift den Beweis dafür zu liefern, daß der Messias nicht eine glänzende Erscheinung, sondern eine leidende Persön= lichkeit sein müsse, sowie dafür, daß der von den Juden zu Jerusalem den Römern ausgelieferte und von den letzteren gekreuzigte Jesus von Nazareth dieser schriftgemäße Messias sei. Die=

jenigen Juden, die nun einmal von der Messianität des Nazareners durchaus nichts wissen wollten, verhielten sich, wie anderswo, so auch hier gegen seine Predigt natürlich ablehnend. Aber die Taufgesinnten und die Messias= gläubigen, fragen wir unwillkürlich, wie nahmen die denn des Apostels Wort auf? Von den ersteren wissen wir über= haupt zu wenig, um eine ganz befriedigende Antwort auf diese Frage geben zu können. Doch so viel ist ausgemacht, daß mehrere Taufgesinnte späterhin auf der Seite des Apostels stehen, so z. B. der von Alexandrien nach Ephesus gekommene Jude Apollos, welcher bereits zu der Zeit, als Paulus Ephesus zum ersten Male betrat, also im Frühjahr 55, der dortigen Taufgemeinde angehörte. Da dieser Alexandriner nun aber ein so geistvoller Mann war, daß sich später in Corinth um ihn sogar, wenn auch wider seinen Willen, eine besondere Partei von Christen gruppirte, die sich nach ihm die Apollischen nannten, so ist es wohl denkbar, daß er auch schon als Tauf= gesinnter eine hervorragende Rolle unter seinen Genossen gespielt und daher bei seinem Anschlusse an die paulinische Richtung auch einen nicht geringen Theil derselben veranlaßt haben wird, seinem Beispiele zu folgen.

Anders gestaltete sich das Verhalten der Messiasgläu= bigen zu des Apostels Predigt. Paulus hatte denselben auch hier in Ephesus gleich von Anfang an, sowohl in der Synagoge selbst, wie in den Gesprächen, die sich an die Synagogenvorträge an= schließen mochten, seine Meinung in Bezug auf die Heiden unumwunden ausgesprochen, nämlich daß Jesus der Welt= heiland sei, daß also derselbe zunächst zwar für die Juden, dann aber auch eben so sehr für die Nichtjuden gekommen sei, um aus den beiden Kategorien die zu sammeln, welche mit ihrem himmlischen Vater wieder ausgesöhnt sein wollten. Was aber der Apostel am Ende seiner Missionsreise in Antiochien und auf seiner zweiten Missionsreise in Galatien mit Schmerz hatte erfahren müssen, das sollte sich ihm nun auch hier in Ephesus wiederholen. In Antiochien wie in Galatien hatten ja die Judenchristen den Zutritt auch der

Nichtjuden zu dem Christenthume zwar gelten lassen wollen, doch nur unter der Bedingung, daß dieselben in aller Form erst Juden würden, weil den Juden nur das Heil verheißen worden sei; in Antiochien wie in Galatien war es dann darüber unter den Messiasgläubigen zu heftigen Auseinandersetzungen gekommen; in Antiochien wie in Galatien hatte sich endlich in Folge dessen unter den Christen eine paulinische und eine judaistische Partei gebildet. Und wenn es in der antiochenischen Gemeinde wie in denjenigen Galatiens zu einer förmlichen Spaltung nicht gekommen war, so war es nur die persönliche Autorität des Paulus gewesen, welche die Anhänger der beiden Richtungen noch zu gegenseitiger Anerkennung und Duldung genöthigt hatte. Dort verdankten Anhänger wie Gegner ihm gerade vielfach persönlich ihre Bekehrung, dort mußten ferner auch Anhänger wie Gegner darin übereinstimmen, daß er sich um die Verbreitung des Evangeliums unleugbar bedeutende Verdienste erworben hatte, und so war von ihnen der förmliche Bruch immer noch vermieden worden, um ihn nicht zu tief zu kränken. Anders lagen aber die Verhältnisse zu Ephesus. Die Christen dieser Gemeinde verdankten ihre Bekehrung dem Paulus nicht, für sie fiel somit auch das Gefühl, dem Apostel persönlich zur Dankbarkeit verpflichtet zu sein, weg. Diese Gemeinde stand ferner in unmittelbarem Verkehr mit den 12 Aposteln zu Jerusalem. Sie hatte daher auch nicht das Bedürfniß, in Paulus eine maßgebende Autorität zu suchen. Endlich werden es auch in dieser Gemeinde die Judaisten, welche ja in Antiochien und in Galatien, also in dem eigensten Arbeitsgebiete des Paulus, schon festen Fuß gefaßt hatten, gewiß nicht unterlassen haben, die Missionsthätigkeit des Apostels gleich von vorn herein zu verdächtigen, damit derselbe, wenn er ja darauf fiele, auch in Ephesus persönlich das Evangelium zu verkündigen, dort gar nicht aufkäme. Aus allen diesen Gründen fand denn die Predigt des Paulus, als er nun wirklich in Person zu Ephesus das Evangelium vortrug, auch nur eine getheilte Aufnahme. Viele aus der Gemeinde traten ihm gleich von Anfang an in sehr heftiger Weise entgegen, unter ihnen namentlich ein gewisser Alexander, seines Zeichens ein Schmied. Und daß diese judaistischen Gegner, um den Apostel zu bekämpfen, im Laufe der Zeit auch vor gewaltsamen Mitteln sogar nicht zurückscheuten, das beweist der Umstand, daß Paulus von Ephesus aus den Corinthern klagt, daß er dort selbst durch falsche Brüder sich in Gefahren befunden habe. Andererseits schloß man sich dem Apostel aber auch wieder desto enger an. Namentlich waren es Leute aus der armen und verachteten Klasse der ephesinischen Bevölkerung, welche sich um ihn versammelten, um sich durch die Kunde von dem alle Menschen mit gleicher Liebe umfassenden Weltheilande trösten zu lassen. Die Leute eines gewissen Narziß, die Leute eines gewissen Aristobul, Sclaven und Sclavinnen, wie Tryphäna und Tryphosa, Persis, Asyncritus, Phlegon, Hermes, Nereus u. dgl. waren es, die nach des Tages Last und Hitze ihre Schritte zu dem Apostel wendeten, um aus seinem Munde von dem zu hören, der da gesagt hatte: „Kommet her zu mir Alle, die ihr mühselig und beladen seid, ich will euch erquicken." Aber auch besser Situirte befanden sich unter den Anhängern des Apostels. Hierher gehörten z. B. Aquila und Priscilla. Allein das Gros der Anhänger des Paulus gehörte doch immer vorzugsweise der untersten Schicht der Bevölkerung an. In die Gesindestuben und Hinterhäuser versetzt uns auch die Apostelgeschichte, wenn sie bezüglich des ephesinischen Aufenthaltes des Apostels berichtet, daß die Anhänger des Paulus Schweißtücher und Arbeitsschürzen umhergetragen hätten, um sie auf Kranke zu legen, damit die Seuchen von ihnen wichen und die bösen Geister ausführen (Apostelg. 19, 12). Immer war es aber doch nur ein kleiner Theil der ephesinischen Gemeinde, der mit Paulus den freieren Standpunkt einnahm. Das Gros der ephesinischen Messiasgläubigen war und blieb judaistisch gesinnt. Also auch hier in Ephesus mußte es Paulus erleben, daß sich in der Gemeinde während seiner Wirksamkeit zwei Parteien gegenüber standen, eine kleinere, die seiner Richtung folgte, und eine größere und einflußreichere, die judaistische Tendenzen hatte. Indessen scheint sich doch auch die erstere noch, wenigstens anfangs, zur

7*

Synagoge gehalten zu haben, da Paulus nach seiner An=
kunft sich noch drei Monate lang an den Besprechungen der
Synagoge betheiligen konnte. Ein inniges Gemeindeleben
war unter solchen Umständen bei den ephesinischen Messias=
gläubigen natürlich nicht möglich. Und so wird uns denn
auch berichtet, daß die Christen zu Ephesus sich an ver=
schiedenen Orten zusammenfanden, daß eine Gemeinschaft
bei Aquila, zwei andere in Sclavenstuben, eine dritte
endlich in der Schule des Tyrannus sich versammelte.

Aber der Apostel sollte hier in Ephesus nicht allein die
schmerzliche Erfahrung machen, daß das wahre Evangelium
nur wenig Eingang fand und statt Frieden nur Unfrieden
in der Gemeinde hervorrief, sondern er sollte es hier auch
noch erleben, daß er vor den judaistischen Brüdern nicht ein=
mal seines Lebens mehr sicher war. So wäre er nämlich durch deren
Hetzereien einmal beinahe im Theater getödtet worden. An=
gestiftet von dem vorher schon erwähnten judaistischen Schmiede
Alexander, hatte nämlich ein heidnischer Handwerksgenosse
desselben, Namens Demetrius, der ein Silberschläger war
und für die Privaterbauung der Griechen kleine Nachbilder
des Dianatempels anzufertigen pflegte, die Silberarbeiter
gegen den Apostel aufgewiegelt, unter dem Vorwande, daß
durch die Ausbreitung der paulinischen Lehre der Absatz ihrer
Arbeit beeinträchtigt würde. Unter dem Rufe: „Groß ist die
Diana der Ephesier!" hatte sich die fanatisirte Rotte nach
dem Theater gewälzt und dort den Apostel, der sich entweder
in demselben bereits befunden hatte oder nach demselben erst
geschleppt worden war, fast zu Tode gebracht. Unter diesem
lärmenden Haufen heidnischer Arbeiter haben sich nun auch
gewiß nicht wenige Juden und Judaisten befunden. Der
Orientale ist Fanatiker. Die Sache, die ihn erbittert, glaubt
er nur mit dem Tode ihres Urhebers vernichten zu können.
So glaubten auch die ephesinischen Juden und Judaisten,
die paulinische Richtung nur mit dem Tode des Apostels
selbst beseitigen zu können. Einen offenen Mord durften sie
nicht wagen, zum Meuchelmord aber mochten sich in ihrem
Fanatismus vielleicht wohl die Juden, jedoch nicht die Judaisten

verstehen. Was konnte ihnen also da erwünschter kommen, als daß die frommen heidnischen Handwerker dem Verkündiger neuer Götter, dem Verächter ihrer großen Diana den Prozeß zu machen suchten! Sie werden daher die fanatisirten Heiden in diesem ihrem Streben gewiß auch nach Kräften unterstützt haben. Was dem Paulus dort im Theater zu Ephesus geschah, genauer anzugeben, sind wir nicht mehr im Stande. Vielleicht veranlaßte dort jener Alexander den wüthenden Haufen, den Paulus als einen von einem Dämon Besessenen zu steinigen, so daß man etwa an eine jener Scenen denken könnte, wie sie Apollonius von Thana im Theater zu Ephesus veranlaßte, als er jenen Greis steinigen ließ, in dem er einen Dämon witterte. Wenigstens läßt die christliche Tradition noch im 2. Jahrhundert den Paulus zu dem Timotheus die Klage aussprechen: „Alexander, der Schmied, hat mir viel Böses erwiesen. Der Herr wird ihm geben nach seinen Werken; er hat meinen Worten sehr widerstanden." Vergl. 2. Timoth. 4, 14. Daß aber Paulus im Theater zu Ephesus in der That Gefahren sehr ernster Natur bestanden hat, das geht wiederum daraus hervor, daß er in einem Briefe an die Corinther seine Lage daselbst mit der eines Gladiatoren vergleicht, der mit wilden Thieren kämpft, ferner auch daraus, daß er diese Scene ein Schauspiel für Engel nennt und erwartet, es werde derselben bei der Wiederkunft des Messias gedacht werden.—Und nicht genug, sich in seinen heiligsten Bestrebungen verkannt und gehemmt, ja sogar in seiner persönlichen Sicherheit bedroht zu sehen, hatte er in dieser Zeit auch noch wiederholt von den furchtbaren Anfällen seiner Krankheit zu leiden. „Dreimal," schreibt er in dieser Beziehung den Corinthern, „habe ich den Herrn gebeten, daß der Satan von mir weiche, aber er sprach zu mir: Laß dir genügen an meiner Gnade, meine Kraft wird in Schwachheit völlig." Vergl. 2. Cor. 11, 25. Bei alledem verlor der Apostel aber seine Spannkraft nicht. In dem Maße, als ihn Heiden und Juden insultirten, particularistische Judaisten ihm heimlich und offen entgegenarbeiteten, körperliche Schwachheiten seine apostolische Wirksamkeit zu hemmen suchten, in demselben

Maße wuchs sein Muth, seine Ausdauer, seine Energie. Je
mehr unter den andauernden Aufregungen die physische Persön=
lichkeit litt, desto mehr trat bei ihm die ideale Persönlichkeit
des vollendeten Jüngers Jesu Christi hervor. Die erwähnten
mannigfachen äußeren Anfechtungen hatten alle nur die eine Wir=
kung, daß in ihm immer mehr und mehr der Christ Gestalt gewann.
Und so ward denn doch auch in der Provinz Asien seine apostolische
Thätigkeit troß alledem und alledem je länger je mehr sichtlich
von Erfolg gekrönt, wenn auch nicht gerade in der Provinzial=
hauptstadt selbst, so doch in der Provinz. Neben der kleinen
Paulusgemeinde in Ephesus entstanden nämlich nach und
nach auch noch in der ganzen Provinz Asien Gemeinden,
die dem Paulus zugethan waren, so unter anderen die
Gemeinden von Smyrna, Pergamus, Thyatira,
Sardes, Philadelphia und Laodicea. Freilich waren
diese Erfolge nur vorübergehende, keine andauernden. Schon
bei seinen Lebzeiten noch mußte Paulus nämlich die schmerz=
liche Erfahrung machen, daß, mit alleiniger Ausnahme eines
Christen zu Ephesus, sich alle Asiaten von ihm wieder
abwandten und den Judaisten anschlossen. Dieser Eine,
Onesiphorus mit Namen, blieb dem Apostel allerdings
selbst bis in die leßte Zeit treu; denn als Paulus in Rom
gefangen gehalten wurde, da war dieser es, der ihn auch
dort noch besuchte und ihm treulich zur Seite stand. Nach
dem Tode des Paulus aber waren kaum 4 Jahre vergangen,
und der Kampf um die kleinasiatischen Gemeinden war definitiv
zum Nachtheil seiner Sache entschieden, die paulinische Richtung
von der judaistischen dort vollständig verdrängt worden. Doch zurück
zu unserem Apostel nach Ephesus! Troßdem, daß er fortwährend
von Heiden und Juden angefeindet wurde, troßdem, daß er un=
ablässig mit judaistischen Agitationen zu kämpfen hatte, troß=
dem, daß er wiederholt den furchtbarsten Zufällen seines
krankhaften Körpers ausgeseßt war, hatte er also dennoch, wie
wir sahen, das Panier des gesetzesfreien Evangeliums nicht
nur in Ephesus selbst entfaltet, sondern es sogar auch noch
siegreich über das Weichbild der asiatischen Provinzialhaupt=

ſtadt hinaus in die Provinz hineingetragen, uneingeſchüchtert, unbeirrt und ungebeugt. — Aber nicht die Verhältniſſe der aſiatiſchen Gemeinden allein waren es, die dem Apoſtel in dieſer Zeit viel Kummer und Aufregung bereiteten, auch die Verhältniſſe der Gemeinden Achajas, namentlich diejenigen der corinthiſchen, hatten ſich nach und nach ſo geſtaltet, daß alle Nachrichten von daher ſein Herz tief betrüben mußten. In der Metropole Achajas, in Corinth, hatte, wie wir früher geſehen, der Apoſtel, eine kurze Unterbrechung abgerechnet, 1½ Jahr lang gewirkt. Eine blühende Gemeinde war das Ergebniß dieſer Wirkſam= keit geweſen. Während der erwähnten Unterbrechung hatte er dann die römiſche Provinz Illyrien aufgeſucht. Er hatte es in der Hoffnung gethan, daß die corinthiſche Gemeinde die eingeſchlagene Bahn ihrer evangeliſchen Entwickelung in ſeiner Abweſenheit nicht verlaſſen und, je länger je mehr, die evangeliſche Lehre auch in einen evangeliſchen Wandel um= ſetzen würde. Er war, wie wir weiter geſehen, darin bitter getäuſcht worden. Bei ſeiner Rückkehr von Illyrien hatte er die betrübende Wahrnehmung machen müſſen, daß die kurze Zeit ſeines illyriſchen Abſtechers vollkommen ausreichend geweſen war, in der corinthiſchen Gemeinde Störungen der ernſteſten Art entſtehen zu laſſen. Er hatte erfahren müſſen, daß bei ihr die Zeit der erſten Liebe dahingeſchwunden war, daß die Fluth der Be= geiſterung ſich gelegt hatte, kurz, daß in ihr ſich wieder die Kräfte des natürlichen Menſchen zu regen begonnen hatten. Er hatte hören müſſen, daß Heidenchriſten wieder an den Götzenopfern Theil genommen, Judenchriſten wieder die Synagoge aufgeſucht hatten, daß noch Andere aus der Ge= meinde, fortgeriſſen von krankhafter apocalyptiſcher Schwärmerei, die beſtehende Ordnung nicht mehr hatten reſpectiren wollen, daß noch Andere einen Lebenswandel geführt, der dem Worte des Evangeliums ſchnurſtracks entgegen war. Der Apoſtel hatte dann dieſer Verwirrung in der corinthiſchen Gemeinde zu ſteuern verſucht, an die Stelle des Wankelmuthes wieder die Energie der Ueberzeugung ſetzen, an der Stelle krankhafter Apocalyptik wahre Begeiſterung hervorrufen und endlich hinſicht=

lich des Wandels in der Gemeinde wieder christlicher Sitte Eingang verschaffen wollen. Aber der Erfolg seiner Bemühungen war, wie wir ebenfalls schon gesehen haben, durchaus kein durchschlagender gewesen. Tiefbetrübt hatte Paulus darauf mit Aquila und Priscilla Corinth verlassen, um mit ihnen zusammen nach Ephesus zu reisen, sich dann nach einem kurzen Aufenthalte daselbst allein über Jerusalem nach Antiochien in Syrien zu begeben, und von dort über Galatien nach Ephesus zurückzukehren. —

Gleich nach seiner zweiten Ankunft in der asiatischen Provinzialhauptstadt hatte der Apostel dann die Corinther noch einmal in einem Briefe, der uns leider verloren gegangen ist, zur Buße ermahnt, insbesondere aber an sie die kategorische Forderung gestellt, mit einem Bruder, der ein Unzüchtiger, Geiziger, Götzendiener, Lästerer, Trunkenbold oder Räuber wäre, keinen Umgang zu haben, mit einem solchen auch nicht bei dem Liebesmahle am Tische des Herrn zu sitzen. Dieser Brief des Paulus war aber von den Corinthern ignorirt worden. Da ihnen nämlich der Apostel bei seiner letzten Anwesenheit in ihrer Gemeinde bescheiden, ja bemüthig vorgekommen war, so hatten sie sich in den Ton dieses nach seiner Abreise eintreffenden scharfen Briefes nicht hineinfinden können. Alles war daher bei ihnen beim Alten geblieben, d. h., sie hatten auch nicht die von dem Apostel in seinem Briefe verlangte Ausschließung notorischer Sünder aus der Gemeinde ausgeführt.

Eine Zeit lang hatte dann der, so zu sagen, offizielle Verkehr zwischen dem Apostel und seiner Hauptgemeinde in Achaja geruht. Den ersteren hatten die Kämpfe in der ephesinischen Gemeinde vollauf beschäftigt, die letztere hatte Empfindlichkeit und Trotz abgehalten, sich ihrem Stifter wieder zu nähern. Eine gewisse unausgesprochene Beziehung, derjenigen etwa ähnlich, wie sie zwischen Vater und Sohn noch fortbesteht, auch wenn durch feindliche Factoren ihr gegenseitiges Verhältniß äußerlich momentan getrübt ist, hatte indessen zwischen dem Apostel und den Corinthern doch auch während dieser Zeit fortbestanden. Und das ganz natürlich. Pau=

lus seinerseits wird sich über die Entwickelung seiner corinthischen
Schmerzenskinder gewiß stets informirt haben, was ja bei dem leb=
haften Verkehr zwischen Corinth und Ephesus außerdem auch
nicht allzu schwer war, wie denn das wenigstens fest steht, daß er in
dieser Zeit dem in Macedonien gebliebenen Timotheus den
Auftrag ertheilte, nach Corinth zu gehen und der dortigen Ge=
meinde auseinanderzusetzen, wie er, Paulus, in allen Gemeinden
lehre. Die Corinther andererseits werden mit dem Apostel dadurch
in einem stetigen Conner geblieben sein, daß es unter ihnen,
trotz aller Reibungen, doch immer noch eine Anzahl solcher
gab, die demselben die unverbrüchlichste Treue bewahrten. Und
so hatte denn, wie gesagt, zwischen Paulus und seinen Corinthern
doch immer noch ein gewisser geistiger Verkehr fortbestanden,
auch wenn von demselben äußerlich eben nicht viel zu merken
gewesen war.

Aber, fragen wir erstaunt, wie war es denn gekommen,
daß bei den Corinthern sowohl die letzte persönliche Anwesenheit
des Apostels, als auch sein nachher an dieselben von Ephesus
aus gerichteter Brief so ohne nennenswerthen Eindruck geblieben
waren? Daß sogar zum Theil eine gegenseitige Erkaltung,
ja, wir können sagen, Entfremdung eingetreten war? Das hatte
sich nun auf folgende Weise zugetragen. Während der Zeit, daß
Paulus mit Aquila und Priscilla nach Ephesus,
sodann von da allein nach Jerusalem, Antiochien in
Syrien und endlich durch Galatien wieder nach Ephesus
gereist war, hatten sich nämlich in der Gemeinde zu Corinth
eine Reihe von fremden Lehrern niedergelassen und den Ein=
fluß des Apostels durch den ihren paralysirt. So zuerst der
schon erwähnte Christ aus Alexandrien, Apollos, dann
aber auch noch Christen aus Palästina, von denen die
Einen wiederum den Petrus vorzugsweise verehrten, die
Andern sich besonders darauf viel zu gute thaten, daß sie
Jesum Christum selbst noch persönlich gekannt hatten. Alle
diese Lehrer hatten nun den Anspruch erhoben, über die
Gemeinde Gewalt zu üben, kurz, die Autorität ihrer Person
zur Geltung zu bringen gesucht. Hatte Paulus nun bei seiner
evangelischen Thätigkeit in Corinth die Praxis verfolgt, sich selbst

ganz in den Hintergrund zu stellen und sich ganz dem niedrigen
geistigen Standpunkte, wie ihn Gemeindemitglieder, die in den
Magazinen der Stadt oder auf den Werften von Schoinos
arbeiteten, nur haben konnten, zu accomodiren, so hatten diese neuen
Lehrer, zumeist nur von dem Streben nach dem Ruhme und dem
Glanze der eigenen Person beseelt, eben denselben Leuten theils die
Philosopheme der neuesten griechischen Philosophie, theils die
spitzigen Streitfragen der jüdischen Rabbinen vorgetragen.
Und da nun dem gemeinen Manne das immer am meisten
zu imponiren pflegt, was er gar nicht oder nur halb versteht,
die Hellenen überdies immer gern von neuen Dingen reden hörten,
so war es gekommen, daß ein Theil der wetterwendischen
Corinther nichts Eiligeres zu thun gehabt hatte, als sich
diesen neuen Lehrern anzuschließen und für sie mit derselben
Rührigkeit Propaganda zu machen, mit welcher sie es früher
für den Paulus gethan. So war es auch gekommen, daß
Paulus nach und nach bei der Mehrheit der corinthischen
Gemeinde weniger als sonst zu gelten begonnen hatte, und der
Verkehr mit dem alten Lehrer ins Stocken gerathen war. —
Von diesen erwähnten Wanderlehrern, die sich ebenfalls alle
Apostel nannten und auch so genannt wurden, hatte nun im
Hause des Titius Justus keiner größeren Anklang gefunden,
als der bereits oben genannte, aus Alexandrien gebürtige
Apollos.
Apollos war auf ganz selbstständigem Wege zum
Christenthum gelangt. Anstoß zum Glauben an das Reich
Gottes hatte ihm bereits die am Jordan erschollene Bußpredigt
Johannes des Täufers gegeben. Er war aber nicht ein so volks=
thümlicher Lehrer wie Johannes, so daß er die große Menge
mit einfachen, aber markigen Worten erschüttert hätte, sondern als
geborener Alexandriner von Jugend auf mit er in seiner Vater=
stadt herrschenden Religionsphilosophie vertraut und in den
Künsten der Rhetorik geübt, gehörte er zu den Männern, die ihre
Lehre in ein wohlgeordnetes System gebracht haben und
dasselbe dann in glänzenden Disputationen vertreten, die
überhaupt immer mehr den gebildeten Theil ihrer Zuhörer vor
Augen haben, als die Gesammtheit derselben. Dieser Apollos

war nun von Alexandrien nach Ephesus gekommen, dort mit Aquila und Priscilla bekannt und von ihnen dann in dem eigentlichen Christenthume, natürlich dem paulinischen, unterrichtet worden. Darauf war er, um seinen Wissensdurst weiter zu befriedigen, nach Griechenland gegangen. Aquila und Priscilla hatten ihm da Empfehlungsbriefe an die corinthische Gemeinde mitgegeben, in der Absicht, daß er nach dem Weggange des Paulus in derselben die Führerschaft übernähme. So war Apollos nach Corinth gekommen. Während Paulus und Aquila, nutzlose Wortgefechte scheuend, sich aber daselbst längst schon in ihre Handwerksstuben und in Privatversammlungen zurückgezogen hatten, um das Wort des Evangeliums zu verbreiten, war er sofort wieder in der Synagoge aufgetreten. Stark in der Schrift, gewandt in allen Künsten der alexandrinischen Auslegung, vertraut mit den Geheimnissen des tieferen Schriftsinnes, hatte er denn auch in der That Viele, die dem Worte des Paulus gegenüber kalt geblieben waren, gefesselt, herübergezogen und bei dem Christenthume festgehalten. Zahlreiche neue Uebertritte waren erfolgt, so daß namentlich der jüdische Kreis in der Gemeinschaft durch ihn sehr verstärkt worden war. Aber nicht die Art des Vortrages allein war es gewesen, wodurch er solche Resultate erzielt hatte, er hatte die Leute auch noch auf andere Weise zu fesseln verstanden. Gestützt auf die Erfahrung, daß der Mensch von einer geringeren Bildung das Greifbare, das Sichtbare liebt, auch da, wo es sich um rein geistige Güter handelt, scheint nämlich der frühere Johannesjünger in Corinth mit besonderem Pompe und auch in eigener Personer die heilige Handlung Taufe vorgenommen zu haben. Vielleicht, daß er an den Ufern der Hippokrene, in den milden Nächten Achajas, wieder die Jordantaufe hat aufleben lassen, die einst so großen Eindruck gemacht hatte! Jedenfalls war es dahin gekommen, daß sich seine Täuflinge auf den ihnen dadurch verliehenen Vorzug ganz besonders viel einbildeten und auf die anderen Christen hochmüthig herabschauten. Zu dem Glanze der Rhetorik und dem Pomp der Taufe war dann auch noch die Frische und Energie seines persönlichen Auftretens gekommen, um dem

Apollos die Herzen Vieler zu gewinnen. Seit er, der
beredte Alexandriner, sich in der Synagoge und an öffentlichen
Orten hatte hören lassen, hatten sich nicht nur Schaaren
neuer Brüder nach dem Hause des Titius Justus gedrängt,
nein, da hatten sich sogar auch in großer Zahl Schüler des Paulus
dem neuen Lichte zugewandt. Die kränkliche und gebrochene
Gestalt des Apostels war von der lebensfrischen und elastischen
Persönlichkeit des neuen Lehrers in den Hintergrund gedrängt
worden. Da sich nun die älteren Schüler des Paulus natürlich
nur um so inniger wieder zu ihrem Lehrer hingezogen gefühlt
hatten, so war es gekommen, daß sich in der corinthischen
Gemeinde eine paulinische und eine apollische Partei
gebildet hatte, und die Folge davon war dann wieder die gewesen,
daß die Zusammenkünfte angefangen hatten, weniger der Er=
bauung, als dem Ausfechten dogmatischer Streitfragen zu
dienen.

So war also durch Apollos in die corinthische Gemeinde
ein factiöses Treiben eingedrungen. Indessen hatte er doch den
Anlaß zu demselben nur unfreiwillig gegeben. Er scheint von der
Adoration, die man ihm widmete, sogar nichts weniger als erbaut
gewesen zu sein. Wenigstens finden wir ihn nach nicht allzu=
langer Zeit wieder zu Ephesus in der Gesellschaft des
Apostels Paulus, und ebenso hören wir auch von diesem
selbst, daß Apollos alle Einladungen, nach Corinth zurück=
zukehren, entschieden von der Hand wies, was ebenso als
Rücksicht auf Paulus, wie als Mißvergnügen über das
corinthische Parteitreiben gedeutet werden kann.

Dieses Parteitreiben hatte indessen auch bald die Judaisten
in der Gemeinde ergriffen. Neben dem Apollos hatten sich,
wie schon erwähnt wurde, in Corinth auch noch Christen
aus Palästina niedergelassen. Diese hatten sämmtlich der juda=
istischen Richtung angehört, und ihre Absicht war keine geringere
gewesen als die, dem Judaismus nun auch in der corinthischen
Gemeinde dasjenige Uebergewicht über den Paulinismus zu
verschaffen, das derselbe in Kleinasien und namentlich in
Galatien bereits zu erlangen begonnen hatte. Durch diese
palästinensischen Judaisten war nun das factiöse Treiben

in der dortigen Gemeinde erst recht zur Reife gebracht worden, indem sie zu der Parteisucht der hellenischen Eitelkeit noch die ätzende Schärfe pharisäischer Intoleranz und dogmatischen Hasses hinzugefügt hatten.

Unter diesen Ankömmlingen hatten sich nun auch solche befunden, die dem Petrus ihre Bekehrung verdankten und sich darum auch nach seinem Namen nannten, und wiederum auch solche, die Jesum selbst noch in Galiläa gesehen, sein Angesicht geschaut und seine Stimme gehört hatten. Diesen hatte es aber nicht mehr genügt, Anhänger des Petrus zu heißen, sie hatten sich Jünger Christi genannt. Es waren daher zu den beiden bereits bestehenden Parteien noch zwei neue hinzugekommen, so daß die Gemeinde zu Corinth sich nun in vier Parteien gespalten hatte, in eine paulinische, eine apollische, eine petrinische und eine christische, von denen die beiden ersteren im ganzen der freieren paulinischen, die beiden letzteren der judaistischen Richtung huldigten. Eine jede von ihnen hatte sich nun zu Gunsten ihrer Führer aufgeblasen und der anderen vorgerechnet, daß sie die besseren Leute habe. Die Versammlungen hatten in Folge dessen auch einen sehr stürmischen Character angenommen. Heftig hatte man sich gestritten, wer das Wort habe, und hatte einer das Wort gehabt, so hatte er diese Freiheit wieder unbescheiden ausgebeutet. Andere hatten dann wieder unter dem Vorwande, daß auch sie der Geist treibe, darein geredet, so daß oft mehrere Personen zugleich gesprochen hatten. Kurz, an die Stelle der gemeinsamen Erbauung war heftiger Wortwechsel, an die der Sittsamkeit Sittenlosigkeit und an die der höchsten Weihe die unerhörteste Frivolität getreten. Ein Punkt, der ganz besonders zu heftigen Auseinandersetzungen zwischen den Parteien Veranlassung gegeben hatte, war die Erörterung der Frage gewesen, ob man Götzenopferfleisch essen dürfe oder nicht. Unter dem Fleisch, das in Corinth auf der öffentlichen Fleischbank ausgelegt wurde, war nämlich auch solches, das von Opferthieren herrührte. Die eingewanderten Judaisten und ihre Anhänger wollten nun den Genuß solchen Fleisches unterlassen wissen. Da nun Paulus und

nachher auch Apollos nie Bedenken getragen hatten, von
solchem Fleische zu essen, hatten in Folge dessen auch seine
wie des Apollos Anhänger von derartigem Fleische gegessen
und, um den Judaisten in der Gemeinde ihre höhere Einsicht
hierin zu zeigen, sich über dieses Vorurtheil vielleicht oft recht
augenfällig hinweggesetzt.

Die Sittenlosigkeit der Gemeinde ferner hatte sich ganz
besonders darin gezeigt, daß die Frauen, die sich bisher in
den gottesdienstlichen Versammlungen durch den Schleier den
Augen der Männer züchtig entzogen hatten, denselben abge-
worfen hatten, den Männern unverschleiert entgegengetreten
waren und ihre Offenbarungen auch vorgetragen hatten.
Und wie einem Theil der Gemeinde die Scheu vor dem Heiligsten
selbst abhanden gekommen war, das hatten die Vorgänge
bei den Liebesmahlen gezeigt. Da hatten die Einen das, was sie
mitgebracht, sofort verzehrt, die Andern, die später gekommen
und gewohnt gewesen waren gespeist zu werden, hungern
müssen, noch andere diese Gemeinschaft benutzt, sich zu
berauschen. Und war dann dem Liebesmahle das eigentliche
Abendmahl (die Eucharistie) gefolgt, so war der Eine bereits
satt und trunken, der Andere noch hungrig gewesen, hatte
der Eine das heilige Brot genommen, um seinen Hunger zu
stillen, der Andere den Wein getrunken, nachdem sich ihm
zuvor schon die Klarheit des Geistes durch Zechen getrübt
hatte. Es war mithin in jeder Beziehung ein Abfall von
der ursprünglichen Idee der Gemeindeeinrichtungen eingetreten,
wie er schreiender nicht gedacht werden konnte. —

Zugleich hatte sich in der Gemeinde indessen doch auch noch
das Gefühl der Rathlosigkeit und das Bedürfniß nach einem
Retter aus dieser Rathlosigkeit geltend gemacht. Und da
waren ihre Gedanken zunächst allerdings auf Apollos,
dann aber doch auch wieder auf Paulus gefallen. Wie in der
Parabel der verlorene Sohn zuletzt, als ihm seine Lage
unerträglich geworden ist, seine Schritte doch wieder zu dem
Vater wendet, so hatten sich auch die Corinther, als sie
sich selbst nicht mehr zu helfen gewußt, wieder an Paulus
gewandt und an den Apostel nach Ephesus einen Brief

geschrieben, in welchem sie ihm um Hülfe und Rath angingen. Dieser Brief ist uns leider verloren gegangen. Seinen Inhalt lernen wir aber noch aus der Antwort kennen, die Paulus auf denselben in dem uns noch erhaltenen 1. Corintherbriefe gegeben hat. Aus derselben ergiebt sich nun, daß das Bild des Apostels bei einem Theile der corinthischen Gemeinde überhaupt niemals verwischt worden war, sowie daß das Schreiben der Corinther an Paulus neben Zügen des frechsten Libertinismus doch auch noch solche der strengsten Gewissenhaftigkeit, und neben Zügen der hartherzigsten Selbstsucht doch auch noch solche der opferfreudigsten Anhänglichkeit enthalten haben muß.

Diesen Brief erhielt der Apostel im Jahre 58. Chloë, jene schon öfters erwähnte corinthische Dame, war nämlich nach Ephesus gekommen und mit ihr zugleich auch die zu ihrem Gesinde gehörenden drei Mitglieder der corinthischen Gemeinde, Stephanas, Fortunatus und Achaicus. Diese drei waren es nun, die von den Corinthern den Auftrag erhalten hatten, den Apollos dorthin einzuladen, denen aber zugleich auch an Paulus der erwähnte Brief der Gemeinde mitgegeben worden war. Durch diesen Brief der Corinther an Paulus war der Verkehr zwischen dem Apostel und seiner Hauptgemeinde Achaja nun auch äußerlich wieder hergestellt worden. Freilich war das Schreiben immer noch nicht geeignet gewesen, ihn mit großer Freude zu erfüllen: hatte er die Nachrichten, die ihm vor dem Eintreffen desselben über seine Corinther überbracht worden waren, doch in demselben nur zu wohl bestätigt gefunden. Aber daß man überhaupt das Bedürfniß gefühlt hatte, sich wieder an ihn zu wenden, das that ihm doch schon recht wohl. Und mit der Liebe, die alles trägt und alles hofft, so lange auch nur noch der geringste Anhaltspunkt vorhanden ist, hoffte er denn nun auch, daß ein ernstes Wort ihres Lehrers auf die Corinther noch Eindruck machen und sie wieder ganz in seine Arme zurückführen würde. In dieser Hoffnung bestärkte ihn namentlich auch die Gegenwart der drei erwähnten würdigen Repräsentanten der corinthischen Gemeinde, des Stephanas, Achaicus und Fortunatus. Befand sich ja doch unter ihnen auch der, den er in Achaja zuerst bekehrt und sammt seinem Hause zuerst getauft hatte. Unwillkürlich erinnerten sie ihn auch wieder an die Zeiten, wo die corinthische Gemeinde noch in den Tagen ihrer ersten Liebe gestanden. Und so war denn auch der Brief, den Paulus kurz vor Ostern 59 an die Corinther als Antwort schrieb, väterlich streng und väterlich milde zugleich. Diesen Brief, ein herrliches Denkmal von des Apostels reinem Charakter sowohl, wie von seiner überlegenen Menschenkenntniß und Lebenserfahrung, die schont oder abthut, wie es gerade am Plaße ist, besitzen wir noch in dem jetzigen s. g. 1. Corintherbriefe. Ueberbracht wurde derselbe den Corinthern wahrscheinlich von den in ihre Heimath wieder zurückkehrenden, vorher erwähnten drei corinthischen Christen. Während der Apostel aber vorher Willens gewesen war, direct nach Achaja zu reisen, und er auch wahrscheinlich in dem verloren gegangenen Briefe seine unmittelbare Reise nach Corinth angekündigt hatte, so beschloß er nun, nach Macedonien zu reisen und dann erst nach Achaja zu gehen.

Was nun den Inhalt des den Corinthern jetzt über= brachten Schreibens anlangt, so rügt der Apostel darin zuerst die in die Gemeinde eingedrungene Parteisucht, indem er ihnen zeigt, wie sie ihren Besißstand viel zu niedrig an= schlagen und wie sie sich selbst der besten Mittel der Ent= faltung, die ihnen Gott überall vor die Füße lege, begeben haben, weil Jeder nur das gut finden wolle, was ihm gerade sein Lehrer zu geben vermöchte, wie sie sich damit selbst den Horizont verbauen, die Wurzel ihres Wachsthums sich selbst beschneiden. Auf die Verkehrtheiten der verschiedenen Fractionen im Einzelnen geht er dabei nicht ein, nur daß er den An= hängern des Apollos, die in Sachen des Glaubens welt= licher Weisheit und Wissenschaft eine entscheidende Stimme zumaßen, klar auseinandersetzt, daß die Religion sich an andere Kräfte und an andere Tiefen des menschlichen Geistes zu wenden habe, als die seien, an welche die Wissenschaft appellire, daß die Weisheit, die das Evangelium bringe, auf ganz anderem Wege entstanden sei, als die Weisheit dieser Welt, daß das, was sie berichte, kein Ohr gehört und kein

Auge gesehen habe, auch nicht auf dem Wege sinnlicher Er=
fahrung zum Herzen gelange, sondern eine Offenbarung des
Geistes aus der geistigen Welt sei. Dabei geht es denn
allerdings auch nicht ohne einen die Gemeinde beschämenden
Rückblick auf den Zustand zur Zeit ihrer Gründung ab, noch
auch ohne einige ironische Betrachtungen über die Fülle der
Weisheit, die jetzt so plötzlich über sie gekommen sei.

Nachdem der Apostel so die Parteiwuth und im Anschluß
daran die Aufgeblasenheit der Corinther gestraft hat, rügt er
sodann an der Gemeinde die in ihr überhand genommene
Unsittlichkeit, dabei unter Anderem kategorisch den Ausschluß
eines durchaus unwürdigen Mitgliedes aus der Gemeinde
fordernd, ferner ihre Streitigkeiten über den Genuß des Götzen=
opferfleisches, ferner ihre Unordnungen bei den gottesdienstlichen
Versammlungen, wobei er ganz besonders das Gebahren der
corinthischen Weiber geißelt, ferner den Mangel an Ordnung
bei ihren Liebesmahlen (den Agapen), ferner das bei ihren
Versammlungen durch die angeblichen Aeußerungen des
heiligen Geistes hervorgerufene Unwesen, daß mehrere zugleich
in ekstatischer Rede auftreten, und endlich, wobei er ganz
besonders die Anhänger des Apollos im Auge hat, ihre
spiritualistischen Doktrinen in der Frage der Auferstehung
von den Todten. Nachdem hierauf der Apostel den Corin=
thern noch Anweisung gegeben hat, wie sie mit zu der für
die Urgemeinde zu Jerusalem bestimmten Collecte beisteuern
sollen, ferner noch seine Ankunft in Corinth angemeldet
und einige Mittheilungen über die christliche Gemeinde zu
Ephesus und den Apollos gemacht hat, auch noch die
Corinther gebeten hat, den Timotheus freundlich aufzu=
nehmen, schließt er endlich den Brief mit der Bestellung der
Grüße, die ihm von den Gemeinden Asiens, so wie auch
von Aquila und Priscilla an die corinthischen Christen
aufgetragen sind. —

Der Brief hatte aber bei den Corinthern nicht die von dem
Apostel beabsichtigte und gewiß auch erhoffte Wirkung. Diese hatten
zwar den Rath des Paulus gewollt, nicht aber seine Ver=
weise und Strafreden. Bei der großen Meinung, die sie,

nun einmal von allen möglichen Lehrern und Parteiführern umworben, von sich gefaßt hatten, fühlten sie sich daher durch den neuen Brief des Apostels, weil er noch herber und strenger lautete, als der, den sie unlängst beantwortet hatten, tief verletzt. Und so nahmen sie denn die Rügen zwar hin, weil sie eben nicht anders konnten, setzten aber den practischen Forderungen des Bescheides einen um so böswilligeren Widerstand entgegen. Solcher Forderungen hatte Paulus aber namentlich zwei gestellt, die Corinther sollten nämlich 1) das unwürdige Mitglied (es war ein Blutschänder, vergl. 1. Cor. 5, 13) excommuniciren und 2) behufs ihrer Betheiligung an der Collecte für die armen christlichen Brüder zu Jerusalem, zu der sie sich übrigens vorher freiwillig erboten hatten, immer zu Anfang jeder Woche von den Ersparnissen der letzten nach eigenem Ermessen eine bestimmte Summe zurücklegen. Die Corinther unterließen nun nicht nur die Ausführung dieser beiden Forderungen, sondern sie gingen jetzt sogar soweit, das Apostolat des Paulus zu bezweifeln und seinen Character zu verdächtigen. Paulus, sagten sie spöttisch, solle doch selbst kommen und kraft seiner apostolischen Gewalt an dem Blutschänder das Strafwunder vollziehen, mit dem er gedroht, wenn die Gemeinde denselben nicht excommunicire. Und in Betreff der Collecte verlangten sie sogar, daß er sich vor ihnen erst noch wegen beabsichtigter Uebervortheilung der Gemeinde rechtfertigte. So lange er bei ihnen verweilt, hätte er, sagten sie, freilich kein Geld von ihnen verlangt, nun fordere er aber dafür hinterher durch Titus auch gleich ganze Summen. Den Titus hatte Paulus nämlich noch nach Corinth gesandt, damit die erwähnte Collecte desto eifriger betrieben würde, den Titus aber gerade, weil dieser selbst in Jerusalem gewesen und sich von der dortigen Noth mit eigenen Augen überzeugt hatte, ferner weil dieser, moralisch wenigstens, zugleich mit Paulus und Barnabas auch das Versprechen übernommen hatte, der Armen zu Jerusalem zu gedenken (vergl. Galaterbrief 2, 3) und weil dieser ihm endlich auch als Hellene die geeignetste Persönlichkeit zu sein schien, mit den schwierigen Corinthern zu verhandeln.

Diese so heftige und dabei so gehässige Opposition
gegen den Apostel war hauptsächlich das Werk der aus
Palästina nach Corinth gekommenen judaistischen
Parteiführer. Schon in seinem zuletzt geschriebenen Briefe
hatte Paulus im Vorbeigehen (vergl. 1. Cor. 9, 1) derer
Erwähnung gethan, die sein Apostolat bezweifelten weil
er Jesum nicht leibhaftig gesehen habe. Da=
mit waren eben diese palästinensischen Judaisten. gemeint
gewesen. Jetzt hatten diese sich nun in Corinth als dirigirende
Häupter an die Spitze der Gemeinde gestellt und in derselben so=
ar den Beschluß durchzusetzen gewußt, daß eine der anerkannt
apostolischen Größen (Petrus, Johannes) nach Corinth
eingeladen würde, welche an Ort und Stelle entscheiden sollte,
wer das rechte Evangelium, die rechte Predigt, den rechten
Geist habe, die Pauliner oder die Judaisten.

Von diesen Vorgängen in der corinthischen Ge=·
meinde erhielt indessen bei der regen Schifffahrtsverbindung,
die zwischen Corinth und Ephesus bestand, auch
Paulus bald Nachricht, und zwar noch ehe die von den
Judaisten sehnlichst erwartete apostolische Persön=
lichkeit in Corinth eintraf. Durch diese Nachricht veran=
laßt, schrieb nun Paulus, wahrscheinlich nach dem Passahfest
59, von Ephesus aus zum dritten Male an die Corinther
einen Brief, in welchem er den frechen Anklagen der Judaisten
gegenüber hauptsächlich auf seine apostolische Würde und die
Lauterkeit seiner Gesinnung eingeht. Dieser Brief, der uns
noch in den Capp. 10—13 des sogenannten 2. Corintherbriefes
erhalten ist, bildete aber nicht ein selbstständiges Schreiben,
sondern war nur ein Zusatz zu einem fremden Briefe. Durch wen
dieser Brief des Paulus nach Corinth befördert worden ist,
wissen wir nicht mehr. Der Apostel erklärte sich in demselben auch
bereit, demnächst zum dritten Male nach Corinth zu kommen,
wie er zwei Mal nachdrücklich hervorhebt, aber er schickte doch
den Brief voraus, um der Gemeinde Zeit zu lassen, erst wieder
zu sich zu kommen. Er wollte abwarten, ob sein Brief die
beabsichtigte Wirkung in den Gemüthern vollbringe, und
dann erst bei ihnen eintreffen. Während also der Apostel

anfangs direct von Ephesus aus nach Corinth hatte reisen wollen, dann nach Macedonien gehen und schließlich, da von Kenchreae eher auf directe Verbindung mit Cäsarea zu rechnen war, wieder nach Corinth zurück= kehren, um von da die Reise nach Jerusalem zu machen, so beschloß er nun, die Reise umgekehrt auszuführen, nämlich von Ephesus aus erst Macedonien aufzusuchen, dann nach Corinth zu gehen und von da sich dann nach Syrien einzuschiffen, selbst auf die Gefahr hin, daß seine Gegner in Corinth ihm das als Feigheit auslegten und seine An= hänger darüber sehr ungehalten wären. Denn abgesehen davon, daß er nicht wieder in Trauer und Verdruß bei seinen Corinthern sein wollte, hielt er es auch für gerathen, zu warten, bis die Leidenschaften derselben sich gelegt hätten. Er wollte eben ein vorzeitiges Zusammen= treffen mit der Gemeinde vermeiden, um ihr so Zeit zur Einsicht und damit auch zur Besserung zu geben. —

Länger als zwei Jahre hatte der Apostel von Ephesus aus unter aufreibenden Kämpfen und persönlichen Gefahren für die Ausbreitung und Befestigung des Evan= geliums in dem proconsularischen Asien bereits gewirkt und in der Hauptstadt sowohl, als auch in der Provinz, trotz der Intri= guen der engherzigen Judaisten, eine Reihe von Gemeinden, die seiner Richtung zugethan waren, gegründet, ferner auch von da aus in Achaja dem vordringenden Judaismus durch eine geharnischte Epistel (den 3. Corintherbrief) Einhalt gethan, als er sich um Pfingsten 58 herum plötzlich genöthigt sah, diese seine so umfassende Wirksamkeit in Asien aufzugeben und Ephesus über Hals und Kopf zu verlassen. Den Intriguen der rührigen Judaisten, sowie dem Fanatismus der ungläubigen Juden und Heiden war es da nämlich auf irgend eine Weise gelungen, gegen den Apostel einen Prozeß anhängig zu machen und ihn in den Kerker zu bringen*).

---

*) Von diesem Ereigniß wissen wir freilich nichts Genaueres mehr, da die Apostelgeschichte, ihrer Tendenz gemäß, die Differenzen zwischen den Paulinern und Judaisten zu verwischen, über alle diese

Mit ihm zugleich waren auch noch die Epheser J u n i a s und A n d r o n i c u s gefangen gesetzt worden (vergl. Röm. 16, 3). Sollte P a u l u s nun dem Leben erhalten bleiben, so durfte der Ausgang des Prozesses nicht abgewartet werden. Wie der Apostel das empfand, so empfanden das auch die ihm treu ergebenen Brüder. Sie beschlossen daher, denselben aus seinen Banden zu befreien. Und das Werk der Befreiung gelang auch; mit Gefahr ihres eigenen Lebens retteten sie ihn aus dem Kerker. In hervorragender Weise betheiligt waren dabei A q u i l a und P r i s c i l l a. — Der Apostel verließ E p h e s u s nun so heimlich und so schnell wie möglich. Er wandte seine Schritte zunächst nach T r o a s, wo er mit T i t u s vorher verabredet hatte zusammen zu treffen. Da er nun aber früher, als er ursprünglich gewollt, von E p h e s u s aufgebrochen war, so war T i t u s bei seiner Ankunft in T r o a s daselbst noch nicht eingetroffen. Er hätte nun warten können, bis T i t u s gekommen wäre. Doch die Furcht, von den fanatischen Feinden aufgespürt, eingeholt und aufs neue ergriffen zu werden, ließ ihm keine Ruhe, und so reiste er, ohne des Titus Ankunft abzuwarten, nach M a c e d o n i e n weiter. Und selbst hier unter den Getreuesten seiner getreuen Anhänger, unter seinen Macedoniern, konnte er das Gefühl der Furcht noch nicht gleich los werden. So furchtbar schwebte ihm noch das Bild des Todes vor, dem er in E p h e s u s gegenüber gestanden.

Hier in M a c e d o n i e n traf P a u l u s nun mit T i m o t h e u s zusammen. Timotheus war nämlich nicht etwa von C o r i n t h schon wieder zurückgekommen, sondern er hatte wahrscheinlich seine Mission überhaupt noch gar nicht angetreten, da er dem Apostel nicht nur nichts von

---

antipaulinischen Vorgänge in E p h e s u s einen undurchdringlichen Schleier geworfen hat; daß es aber wirklich eingetreten ist, das deutet P a u l u s im Anfange seines bald darauf von M a c e d o n i e n aus an die Co= rinther geschriebenen vierten Briefes selbst an. Nach seinen eigenen Worten daselbst (vergl. 2. Cor. 1, 8—11) war er zu E p h e s u s in solche Trübsal gerathen, daß er bereits am Leben verzweifelte, sich selbst bereits das Todesurtheil gesprochen hatte.

Corinth zu erzählen hat, sondern auch Paulus von ihm
seine Nachrichten gar nicht erwartet. Mit dem Beginn des
Winters traf endlich auch Titus hier bei ihm ein. Dieser
war kurz vor dem Eintreffen des Apostels in Macedonien
nochmals in Corinth gewesen. Er hatte sich allerdings
zum zweiten Male nur sehr ungern in die dortigen
Wirren gewagt, so daß Paulus ihm erst, sei es schriftlich,
sei es mündlich, noch alle guten Eigenschaften der Corinther
wieder hatte in Erinnerung bringen müssen, ehe er sich zu
diesem zweiten Besuche der Hauptstadt Achajas hatte ent=
schließen können. Aber es war Alles gut abgelaufen. Dieser
neue Besuch war tröstlich für ihn und tröstlich für Paulus
gewesen. Hatten die Corinther das erste Mal ihn durch
schnöde Verläumdungen, mit denen sie in seiner Gegenwart
den Apostel überschüttet, aufs tiefste betrübt, so hatten sie
ihn dieses Mal mit Furcht und Zittern aufgenommen und
dem Paulus alles anheimgestellt. Von der apostolischen
Persönlichkeit, die da hatte kommen und zwischen dem Apostel
und den Judaisten ein entscheidendes Urtheil fällen sollen,
war nicht mehr die Rede gewesen. Zwar waren noch einmal
neue Ankömmlinge, sogar mit Empfehlungsbriefen versehen,
von Jerusalem eingetroffen, sie waren aber sammt ihren
Empfehlungsbriefen unbeachtet geblieben. Mit Einem Worte,
die Herrschaft der Judaisten war in Corinth gebrochen
worden. Der Brief, der den Corinthern erst so anstößig
gewesen war, hatte nämlich nachträglich doch noch seine gute
Wirkung gethan. Vielleicht, daß auch noch die Kunde von
dem schrecklichen Ereignisse in Ephesus die Herzen der
Corinther erweicht hatte. Genug, sie hatten sich innig
gefreut, daß der Apostel gerettet worden war. Ja, Titus
wußte jetzt plötzlich von der Sehnsucht der Gemeinde nach
dem Apostel, von ihren Wehklagen um denselben und von
ihrem Eifer für denselben zu erzählen. Ebenso hatte die Gemeinde
nach seinen Mittheilungen auch angefangen, das von Paulus
in seinen Briefen gerügte Unwesen abzustellen. Maßregeln der
Zucht, wenn auch milder, als der Apostel gewollt, waren
gegen den verfügt worden, der durch seine notorische Unsitt=

lichkeit jo viel Anstoß gegeben. Kurz, die Sachlage in Corinth hatte sich durchaus zu Gunsten des Apostels verändert. Wie sehr mögen diese Nachrichten den Apostel grade damals erfreut haben! Wie dem von den brennenden Strahlen der Sonne ermatteten Wüstenwanderer der Quell der Oase wieder neue Lebenskraft giebt, so mögen ihn, den von so vielfachen Anfeindungen betroffenen Apostel, damals auch die Worte seines getreuen Titus erquickt und zu neuem Wirken begeistert haben!

Obwohl Paulus nun, wie wir wissen, im Begriff war, direct nach Corinth zu reisen, so zog er es unter diesen Umständen doch vor, sich an die Gemeinde daselbst, ehe er persönlich bei ihr einträfe, noch einmal brieflich zu wenden, einmal, um sie aufzufordern, die Collecte für die Brüder in Jerusalem bereit zu halten, zum andern aber besonders, um sein Verhältniß zu ihr vor seinem persönlichen Eintreffen möglichst klar zu stellen, um alles, was zwischen ihn und sie, die im Begriffe stand, sich mit ihm wieder aus=zusöhnen, getreten war, vollends zu beseitigen und die Ver=führer derselben im rechten Lichte darzustellen. So schrieb denn der Apostel im Winter 58 in Macedonien einen vierten Brief an die Corinther. Auch dieses Schreiben ist uns noch erhalten, nämlich in den Capiteln 1—9 des so=genannten zweiten Corintherbriefes. Ueberbracht wurde dieser Brief durch Titus und zwei macedonische Brüder, nämlich Jason von Thessalonich und Sosipater von Beröa. Bald darauf, also auch noch im Winter des Jahres 58, traf Paulus endlich selbst in Corinth ein. Seine Wohnung nahm er im Hause des Bruders Cajus. Die Zeit seines Aufenthaltes dehnte der Apostel indessen dieses Mal nicht lange aus, nur ein Vierteljahr etwa, aber es waren doch Tage der Ruhe und des Friedens, die er dieses Mal hier verlebte. Seine Sache hatte den Sieg davon getragen, die widerstrebenden (judaistischen) Elemente waren überwunden und die Differenzen zwischen ihm und der Gemeinde beigelegt worden. Mit den Häuptern der Gemeinde, wie Jason, Sosipater, Cajus, Erast, Lucius, Tertius,

Quartus und anderen stand er wieder auf dem besten
Fuße.

Seit seiner Bekehrung zum Christenthume gab es für
den Apostel nur **einen** Gedanken, der ihn unaufhörlich
bewegte, nämlich nur den, die Kunde von der frohen Botschaft nach
Kräften hinauszutragen unter die ganze erlösungsbedürftige
Menschheit, Juden sowohl wie Heiden. Und dieser Gedanke
ergriff ihn dieses Mal in Corinth wieder ganz besonders
stark. Vielleicht, daß es ihm, wenn er am Hafen sinnend so
dahin wandelte, vorgekommen ist, als ob ihm die Schiffe
Spaniens und Britanniens, welche ja hier neben denjenigen
Aegyptens und Asiens ebenfalls ununterbrochen ein= und
ausliefen, in geheimnißvoller Sprache zugerufen: Komm,
steige ein, wir wollen dich nach Gegenden tragen, wo es
auch noch Menschen giebt, die du durch deine Predigt von
dem Weltheilande beglücken mußt. Genug, der jetzige Auf=
enthalt zu Corinth brachte in dem Apostel den Entschluß
zur Reise, sich ein neues Arbeitsfeld in der römischen
Provinz Spanien zu erschließen. Dort glaubte er vielleicht
hoffen zu dürfen, daß das Evangelium von den zersetzenden
Gegensätzen der Judaisten und Pauliner unberührt
bleiben und sich so ungestört entwickeln werde. Um aber
den Zusammenhang mit seinem bisherigen Arbeitsgebiete
in diesem Falle nicht ganz abbrechen zu müssen, suchte
er nun mit den Christen der Hauptstadt des römischen
Reiches Fühlung zu gewinnen, da die Partei, welche in Rom
herrschte, durch ihre günstige Lage nothwendiger Weise auch
an der Peripherie den größten Einfluß hatte.

Die christliche Gemeinde zu Rom, die sich seit dem
Weggange des Aquila und der Priscilla dort von
selbst zusammengefunden hatte, bestand nun ihrer Mehrzahl
nach aus Judenchristen. Hinsichtlich der geplanten Wirksam=
keit in Spanien war es für den Apostel daher sehr wichtig,
daß in Rom nicht die Judaisten zur Herrschaft gelangten,
da er ja von diesen nach den gemachten Erfahrungen be=
fürchten mußte, daß sie entschieden versuchen würden, sich
alsdann von dort aus sowohl sein früheres Missionsgebiet

zu unterwerfen, als sich auch in sein neues störend einzu=
drängen. Es mußte ihm daher vor allem auch darauf
ankommen, daß die dortigen Christen mit seinem, dem
p a u l i n i s ch e n Evangelium, so genau als möglich bekannt
gemacht würden, damit sie hinsichtlich desselben nicht auf
fremde Zuträgereien angewiesen wären, sondern sich über
dasselbe ein selbstständiges Urtheil bilden könnten. Und so
richtete denn P a u l u s im Winter 58/59 von C o r i n t h
aus an die r ö m i s ch e n Christen ein Schreiben, in welchem
er denselben sein Evangelium darlegte und ihnen zugleich auch
mittheilte, daß er dasselbe nun auch in Spanien zu ver=
kündigen gedächte und daß er auf seiner Reise dahin auch
ihre Gemeinde besuchen wollte.

Dieses Schreiben ist uns noch in dem unter dem Namen
des Römerbriefes im Neuen Testamente befindlichen Briefe
erhalten, und zwar in den Cap. 1—16, ausgenommen nur
Cap. 16, V. 1—16. Es ist das schönste Denkmal, welches
uns der Apostel von sich hinterlassen hat, denn in keinem
anderen seiner Briefe giebt er uns eine so umfassende Dar=
stellung seiner Lehre und in keinem anderen seiner Briefe
läßt er uns auch so sehr sein versöhnliches, auf die Einigung
der gesammten Christenheit gerichtetes Bestreben erkennen.
Er löste in demselben die schwierige Aufgabe, einer Gemeinde
von J u d e n ch r i s t e n darzuthun, daß nicht jüdische Ab=
stammung und mosaisches Gesetz, sammt den daran geknüpften
Verheißungen, die Theilnahme am messianischen Reiche bedinge,
sondern allein der Glaube an Jesum Christum, daß also
zwischen Juden und Heiden in dieser Beziehung kein Unter=
schied existire. Der Brief machte indessen, um das gleich zu
erwähnen, auf die römischen Judenchristen nicht den gewünschten
Eindruck. Die Judaisten blieben auch hier in R o m die
Sieger. So viel wirkte er doch aber immerhin, daß, als der
Apostel drei Jahr später, freilich anders, als er es gedacht, die
Hauptstadt des römischen Reiches betrat, die bortigen Christen
ihm freundlich entgegenkamen. —

P a u l u s, allen Ernstes entschlossen, nun in S p a n i e n
das Evangelium zu verkünden, suchte zu diesem Zwecke seine

bisherige Wirksamkeit auch noch nach einer anderen Richtung
hin zu einem gewissen Abschlusse zu bringen. Es schien ihm
nämlich für diesen Fall durchaus unerläßlich, auch noch ein=
mal nach Jerusalem zu reisen, um sich mit den Führern
der dortigen Gemeinde endgültig auseinanderzusetzen.

Das Frühjahr 59 nahte heran. Paulus gedachte
in Jerusalem zum Pfingstfest einzutreffen. Er verhehlte
sich durchaus nicht, welche Gefahr es für ihn haben
mußte, gerade zur Zeit eines Festes nach Jerusalem
zu gehen. Das rücksichtslose römische Regiment hatte gerade
damals unter den jerusalemitischen Juden eine solche Auf=
regung und Erbitterung hervorgerufen, daß man in jedem
Augenblicke ihre gewaltsame Erhebung gegen dasselbe befürchten
konnte. Denn je rücksichtsloser die Herrschaft der Römer
wurde, um so näher glaubte man auch den Tag des Messias und
um so ungeduldiger trug man auch das Joch der so verhaßten
Bedrücker noch weiter. Und diesen Haß gegen die Römer
theilten mit ihren Stammesgenossen, wie das die Offenbarung
des Johannes und Cap. 13 des Römerbriefes beweisen, auch
die dortigen Judenchristen. Sie theilten ferner auch mit den=
selben die Hoffnung, daß der messianische Tag unmittelbar
bevorstehe, und nur darin gingen beide Parteien auseinander,
daß die Judenchristen in dem kommenden Messias ihren
Meister wiederzufinden hofften, der auf Golgatha gekreuzigt
und dann aus dem Grabe wieder auferweckt worden war,
die Juden dagegen den Messias überhaupt erst noch erwarteten.
Juden und Judenchristen waren somit bis auf diese Differenz in
Jerusalem einig. Glühender Haß gegen die Römer und die
Hoffnung, daß die demnächstige Erscheinung des Messias diesen
Haß befriedigen werde, das hielt sie eben zusammen. Der
Apostel brauchte also bei dem Feste nur erkannt zu werden
als der, der so viele zum Abfall vom Gesetze verleitet habe,
als der, der die messianischen Verheißungen auch auf die
Heiden, auch auf die verhaßten Römer ausgedehnt wissen
wollte, und es war um sein Leben geschehen. Aber Paulus
blieb trotz alledem seinem Vorsatze, Jerusalem aufzusuchen
treu, eben weil er es für unumgänglich nothwendig hielt, sich

mit der Muttergemeinde erst noch zu verständigen und das morgen=
ländische Arbeitsgebiet erst noch sicher zu stellen, ehe er das abend=
ländische beträte. Außerdem glaubte er aber wohl auch, daß
sich in Jerusalem eine gütliche Beilegung der Streitigkeiten
zwischen ihm und den Judaisten gerade damals eher als zu
irgend einer andern Zeit herbeiführen lassen würde, da er ja im
Begriffe stand, Namens der heidenchristlichen Gemeinden dort
eine ansehnliche Collecte zu übergeben, die doch das Resultat
mehrjähriger Bemühungen war, und von der er hoffen durfte,
daß sie die Muttergemeinde gegen die Diaspora freundlicher
stimmen würde.

Um nun die Reise nach Jerusalem so schnell als mög=
lich zurückzulegen, beschloß er sich von C o r i n t h direkt nach
S y r i e n einzuschiffen. Von dieser Absicht nahm er indessen
wieder Abstand. Als er nämlich seinen Fuß eben in das
Schiff setzen wollte, wurde ihm noch zu rechter Zeit mitgetheilt,
daß fanatische Juden ihm einen Hinterhalt gelegt hätten, um
ihn aus der Welt zu schaffen, ehe er überhaupt den Boden
des heiligen Landes betreten würde. Er änderte daher seine
Route und schlug nun den Landweg nach M a c e d o n i e n
ein. Durch diesen Vorfall aber gewarnt, trugen die Brüder
nun Sorge, ihn mit einer treuen Begleitung zu umgeben.
Sie wurde aus S o s i p a t e r, L u c a s, C a j u s, A r i s t a r c h,
S e c u n d u s, T i m o t h e u s, T y c h i c u s und T r o p h i=
m u s gebildet. Die Genannten sollten ihn theils bis J e=
r u s a l e m selbst, theils wenigstens so weit geleiten, als es
für seine Sicherheit nöthig schien. Als Ort des Zusammen=
treffens ward T r o a s bezeichnet, wo ein Christ, Namens
C a r p u s, eine Herberge der Brüder hatte.

Im Frühjahr 59 reiste der Apostel von C o r i n t h
wieder ab, begleitet von T i m o t h e u s und den beiden
Gesandten seiner heidenchristlichen Gemeinden T h e s s a l o n i c h
und B e r ö a. Vorher schrieb er aber noch einen Empfehlungs=
brief für die Diaconissin P h ö b e nach E p h e s u s, ein
Schreiben, das wir noch im Römerbrief, nämlich Cap. 16, 1—16
daselbst, besitzen. Es enthält hauptsächlich eine Empfehlung
der Diaconissin P h ö b e aus K e n c h r e ä an die e p h e=

f i n i s ch e Gemeinde, sowie Grüße an eine Reihe der dortigen Christen seitens des Apostels. Im übrigen ersehen wir aus demselben noch, daß sich zu den älteren Christen allmählich auch noch ein ziemlich großer Kreis von Sclaven und Sclavinnen hinzugefunden hatte, von denen P a u l u s indessen nur Gutes zu sagen weiß.

In M a c e d o n i e n besuchten der Apostel und seine Begleiter die Gemeinden von B e r ö a, T h e s s a l o n i ch und P h i l i p p i. Von dem letzteren Orte setzten sie, als das Passahfest vorüber war, nach Kleinasien über. Nach einer Seereise von 5 Tagen kamen sie nach T r o a s, wo sich inzwischen auch schon die Anderen eingefunden hatten, theils, um ihn noch einmal zu sehen, theils, um ihn auf seiner Reise weiter zu begleiten. Bei den troischen Brüdern hielt sich der Apostel sieben Tage auf. Am letzten Tage seines Aufent= haltes blieb er mit ihnen bis der Morgen graute zusammen. Hinsichtlich der Weiterreise fand es die kleine Gesellschaft hier für gut, sich ähnlich wie in C o r i n t h wieder zu trennen, um sich dann späterhin wieder in A s s u s zu vereinigen. Während daher L u c a s, T i m o t h e u s, A r i s t a r ch, T y ch i c u s und T r o p h i m u s — die anderen kehrten wieder in ihre Heimath zurück — an der kleinasiatischen Küste hinsegelten, schlug P a u l u s den Landweg durch die Berge ein. Am Mittag des zweiten Tages traf denn der Apostel auch mit seinen inzwischen ebenfalls dort schon angelangten Freunden in A s s u s wieder zusammen. Hier stieg er nun auch an Bord, und weiter ging die Fahrt nach dem auf der Insel L e s b o s gelegenen M i t y l e n e. Am folgenden Tage erreichte man die Insel C h i o s, sodann die Insel S a m o s, wo angelegt wurde, und noch am Abend desselbigen Tages das Cap T r o g y l i u m, wo man übernachtete. Von hier ging es weiter nach M i l e t. In M i l e t hatte er mit den Aeltesten der Gemeinde von E p h e s u s eine Zusammenkunft. So sehr hatte nämlich die juda= istische Partei dort bereits die Oberhand gewonnen, daß der Apostel es nicht mehr wagen durfte, auf dieser Reise in E p h e s u s selbst vorzusprechen, wenn er nicht von den fanatischen Geg= nern aufgegriffen und beseitigt sein wollte. Von M i l e t

aus fuhr man an den Inseln C o s und R h o d u s vorüber
nach dem an der Küste von L y c i e n gelegenen P a t a r a,
wo man anlegte. Hier bestieg man ein Schiff, das nach T y r u s
ging. Die Küstenfahrt hatte nun ein Ende, man stach jetzt in
See und fuhr, indem die Insel C y p e r n links liegen blieb,
direct nach T y r u s. Hier wurden die Brüder aufgesucht.
Als diese hörten, daß P a u l u s zum Pfingstfest nach J e r u =
s a l e m hinaufziehen wollte, erschraken sie sehr und suchten
ihn von seinem Vorhaben abzubringen. Nichtsdestoweniger
benutzte derselbe doch das nächste nach P t o l e m a i s ab=
gehende Schiff. Von P t o l e m a i s wanderte dann die
kleine Gesellschaft nach kurzer Rast durch die Ebene S a r a n
nach der Stadt C ä s a r e a. Hier suchte man das Haus des
greisen P h i l i p p u s auf, eines jener sieben Männer, die
man bei der hereinbrechenden Armuth in den dreißiger Jahren
zu Armenpflegern gewählt hatte, und der seitdem nach
C ä s a r e a übergesiedelt war. Zu diesem P h i l i p p u s
kam in dieser Zeit gerade von J e r u s a l e m der alte
Bruder A g a b u s herab. Als dieser hörte, daß P a u l u s
nach J e r u s a l e m wollte, nahm er ihm den Gürtel ab,
band sich Hände und Füße damit und sprach: Den Mann,
dem dieser Gürtel gehört, werden die Juden in J e r u s a l e m
also binden und in die Hände der Heiden überliefern. Nun bat
man den Apostel auch hier wieder inständigst, die Reise nach
J e r u s a l e m doch nicht zu machen, wenigstens jetzt zum Pfingst=
feste nicht. P a u l u s beharrte aber auch hier entschieden
bei seinem Vorsatze, und so zog man denn nach Jerusalem
hinauf. Von Cäsarea gingen einige Brüder mit nach Jerusalem
hinauf, um den Apostel und seine Begleiter dort zu einem
alten Jünger aus Cypern, Namens M n a s o n, zu führen,
damit sie bei demselben Herberge nehmen sollten.

Sechstes Kapitel.

Die Gefangennahme des Apostels zu Jerusalem, seine Gefangenschaft zu Cäsarea und Rom, sowie sein in der Neronischen Christenverfolgung erfolgter Tod. 64.

Paulus war in der Absicht nach der jüdischen Hauptstadt gekommen, um sich mit den Häuptern der christlichen Gemeinde jetzt definitiv auseinander zu setzen und sich dann, nachdem er vielleicht vorher noch Antiochien und Syrien besucht, im ferneren Westen ein neues Arbeitsfeld anzulegen. Es kam anders. Jerusalem sollte, wie es den Anfangspunkt seines im Dienste des Evangeliums so thatenreichen Lebens gebildet hatte, so nun auch der Endpunkt desselben werden. — Gleich Tags darauf, nachdem er mit seinen Gefährten in Jerusalem angekommen war, ging der Apostel zu Jacobus, um mit ihm die Dinge zu besprechen, die ihm so sehr am Herzen lagen. Aber es wurde zwischen ihm und den Judenchristen keine Verständigung erzielt, ja es trat zwischen ihm und den Judenchristen Jerusalems eine solche Entfremdung ein, daß, als er bald darauf in römische Gefangenschaft gerieth, sich die letzteren mit alleiniger Ausnahme von Marcus und Jesus Justus, um ihn gar nicht mehr bekümmerten. Seine Missionspraxis war und blieb ihnen eben unverständlich. In die römische Gefangenschaft gerieth Paulus aber am siebenten Tage seines jerusalemitischen Aufenthaltes. Juden aus Ephesus hatten ihn nämlich mit einem Heidenchristen aus Ephesus, Namens Trophimus, in der Stadt zusammen gehen sehen. Als diese nun den Apostel im Vorhofe der Israeliten, der durch den sogenannten Zwinger vom Vorhofe der Heiden geschieden war und an dessen Eingang auf goldener, von dem Könige Herodes gestifteter Tafel das Verbot zu lesen war, daß bei Todesstrafe kein Heide den Zwinger überschreiten dürfe, erblickten, da erhoben sie ein Geschrei, der bekannte Apostat Paulus habe in das Innere des Tempels einen Heiden geführt. Mit Windeseile hatte sich dann diese Nachricht in ganz Jerusalem

verbreitet. Das jüdische Volk, zu Tumulten in dieser Zeit
so wie so schon immer geneigt, war auf dieses Gerücht hin nach
dem Tempel gestürzt, hatte den P a u l u s dort ergriffen, ihn
durch die Thore desselben geschleift und, nachdem dieselben
auf Befehl der Tempelobrigkeit geschlossen worden waren,
angefangen auf ihn loszuschlagen. Und er würde unfehlbar auch
getödtet worden sein, hätte ihn nicht C l a u d i u s L y s i a s,
der damals zum Feste nach J e r u s a l e m commandirte
römische Tribun, dem fanatisirten Pöbel wieder entrissen.
Der Tribun hatte nämlich kaum den Tumult bemerkt, als er auch
schon das Militär hatte antreten und den Apostel aus den
Händen seiner Peiniger befreien lassen. Aber P a u l u s
blieb nun der Gefangene der Römer. L y s i a s, der aus
dem wüsten Geschrei der Juden nur so viel hatte heraushören
können, daß er es mit einem Volksverführer und falschen
Propheten zu thun habe, glaubte nämlich in dem Apostel den
A e g y p t e r erwischt zu haben, der kurz vorher auf dem
Oelberge einen großen Auflauf verursacht hatte*). Er ließ
ihn deshalb in Ketten legen und, da das jüdische Volk immer
noch wüthende Versuche machte, den Gefangenen zu insultiren,
von den römischen Soldaten davontragen. Als sich die
Thore der Burg A n t o n i a — so hieß nämlich die Caserne
der römischen Soldaten in J e r u s a l e m — hinter dem
P a u l u s geschlossen hatten, legte ihm denn der Tribun auch
sofort die Frage vor, ob er der Aegypter wäre, der kürzlich den
Aufstand angezettelt habe. Hierauf erwiderte ihm der Apostel,
daß er ein Jude aus T a r s u s sei, Bürger einer nicht un=
bedeutenden Stadt C i l i c i e n s, und zugleich bat er ihn
um die Erlaubniß, noch einmal zum jüdischen Volk reden zu
dürfen. Da L y s i a s es gestattete, so trat P a u l u s an die

---

*) Ein ägyptischer Jude war nämlich ganz kurze Zeit vor der
Ankunft des Paulus in Jerusalem als Prophet dort aufgetreten und
hatte versprochen als zweiter J o s u a die Mauern des römisch gewordenen
Jerusalem umzustürzen. Er hatte auch in der Wüste viel Volks
versammelt und dasselbe auf den der Stadt gegenüberliegenden Oel=
berg geführt, um von dort aus mit ihm über Jerusalem herzufallen,
die römische Besatzung darin niederzumachen und das messianische Reich

Thorstufen und trug der noch immer versammelten tobenden Menge seine Sache in aramäischer Sprache vor. Der Ton der vaterländischen Laute wirkte denn auf das Volk auch so besänftigend, daß es den Redner eine Zeit lang ruhig mit anhörte. Als derselbe aber im Verlauf der Erzählung seines Lebens auch die Heidenmission berührte, da brach der Sturm auf's neue los, und zwar so heftig, daß der Tribun dem Apostel die Peitsche zu geben befahl, um endlich zu erfahren, was denn das Volk gegen ihn habe. Vor der Ausführung dieser entehrenden Behandlung blieb Paulus indessen dadurch bewahrt, daß er sich auf sein römisches Bürgerrecht berief. Die Nacht mußte er aber doch in der Burg Antonia zubringen.

Des anderen Tages ließ Lysias das jüdische Synedrium zusammenkommen, daß es in der Sache Recht spreche. Auf die anberaumte Stunde begab er sich dann auch selbst mit seinem Gefangenen in die Tempelsynagoge. Nach einem kurzen Vorfall, der sich daselbst erst noch vor dem versammelten Rathe zwischen dem Hohenpriester Ananias, dem thatkräftigen und händelsüchtigen Sohne Nebedaïs, und dem Paulus abspielte, begann dann das eigentliche Verhör. Im Laufe desselben sahen die pharisäischen Mitglieder des Synedriums, daß der Gefangene in fast allen Punkten ihre eigenen Ansichten theilte. Die Folge davon war, daß zwischen ihnen und den sabbucäischen Mitgliedern des Collegiums eine solche Differenz hervortrat, daß ein heftiger Streit entstand und der Tribun die Wache herbei rief., um den Paulus wieder fortzuführen.

Den Fanatikern unter den Gegnern des Apostels war dieser Ausgang aber durchaus nicht recht. Sie wollten den verhaßten Apostaten auf jeden Fall dem Tode übergeben sehen.

---

auszurufen. Davon hatte aber auch der römische Procurator Felix Nachricht erhalten, hatte die Besatzung antreten lassen und auf die wehrlose Menge einen Angriff gemacht. Vierhundert von ihr waren niedergehauen, zweihundert gefangen genommen und die übrigen nach allen Richtungen auseinander gesprengt worden. Der Aegypter selbst aber hatte sich spurlos davongemacht.

Hatte dieses Ziel nun nicht auf gesetzmäßigem Wege erreicht werden können, so sollte es nun auf dem des Meuchelmordes geschehen. Vierzig sogenannte Sicarier*) gaben sich nämlich das Wort, nicht eher wieder zu essen, noch zu trinken, als bis sie den P a u l u s niedergestoßen hätten. Und sie machten daraus so wenig Hehl, daß sie den Hohenpriester geradezu aufforderten, er solle den P a u l u s aufs neue vorladen und so Gelegenheit zur Ausführung des Mordanschlages geben. Da man aber so öffentlich davon sprach, so erfuhren es auch die Verwandten des P a u l u s. Auf ihre Veranlassung ging sein noch junger Neffe, der Sohn seiner Schwester, nach der Burg A n t o n i a, um den Oheim vor den Mördern zu warnen. Der wachthabende Centurio führte den Knaben auch sofort zu dem Tribun Lysias. Nachdem dieser den Mordanschlag vernommen, traf er auch sogleich seine Maßregeln. Noch in derselben Nacht mußten 70 Reiter ihre Pferde satteln, sowie 200 römische Soldaten und 200 arabische Schleuderer sich marschfertig machen, um in aller Stille und unter dem Schutze der Dunkelheit den P a u l u s aus J e r u s a l e m fortzubringen. Draußen vor dem Thore setzten sie ihn dann auf ein Thier, und fort ging es auf der Straße nach A n t i = p a t r i s zu. Am andern Morgen kehrten die Fußtruppen wieder nach J e r u s a l e m zurück, die Reiter aber begleiteten den Apostel noch bis nach C ä s a r e a, wo ihn dann der kommandirende Offizier dem römischen Procurator C l a u b i u s F e l i x übergab. Nachdem dieser den neuen Gefangenen nach Stand und Herkunft gefragt hatte, ließ er ihn im Prätorium, dem ehemaligen Palaste des H e r o d e s, inter= niren. Indessen erwies er dem P a u l u s doch auch sogleich eine gewisse Rücksicht; er gestattete ihm nämlich, den treuen A r i s t a r c h aus M a c e d o n i e n, der dem Apostel auch

---

*) Sicarier hießen diejenigen Juden, welche, mit einem kurzen, krummen Dolche (sica, wovon der Name) bewaffnet, meuchelmörderisch tödteten, wen sie wollten, auch ganze Flecken und Dörfer anzündeten und plünderten, und damals Jerusalem namentlich und seine Umgebung sehr unsicher machten.

hierher nach Cäsarea gefolgt war, bei sich im Gefängnisse
zu behalten.

Nach fünf Tagen erschien auch der Hohepriester Ana=
nias in Cäsarea, begleitet von einem griechischen Rhetor
und Sachwalter, Namens Tertullos, wahrscheinlich,
weil er selbst der römischen Gerichtssprache und Gerichtsform
nicht kundig genug war, um Paulus wegen Schisma und
Tempelentweihung bei dem römischen Procurator anzuklagen.
Da Paulus den Thatbestand bestritt, so vertagte Felix die
Sache, bis der Tribun Lysias aus Jerusalem zurück=
gekommen wäre. Zugleich wurde auch die bisherige strenge Haft
des Apostels in die mildere, die s. g. freie Haft (custodia libera)
verwandelt, d. h., dem Paulus wurden die Fesseln abge=
nommen und ihm gestattet, mit Freunden und Verwandten
ungehindert zu verkehren. Felix selbst also glaubte in ihm
nicht einen Verbrecher vor sich zu haben, bei dem die An=
wendung strengerer Maßregeln als gerechtfertigt erschien. Ja,
der römische Procurator ging noch weiter. Als nämlich seine
Gemahlin, Namens Drusilla, eine Jüdin, die Tochter
des Herodes Agrippa und ehemals die Gattin des
Königs Aziz von Emesa, dem sie der Römer wegen
ihrer außerordentlichen Schönheit durch den Goëten Simon
Magus hatte abspenstig machen lassen, als diese das Verlangen zu
erkennen gab, ihren gefangenen Landsmann, das weithin
bekannte und viel genannte Haupt der neuen jüdischen Secte,
doch auch persönlich kennen zu lernen, da befahl Felix den Apostel
zu sich in seinen Palast, nahm auch an der Unterhaltung,
die seine Gemahlin da mit Paulus führte, lebhaften An=
theil und gab ihm schließlich sogar nicht undeutlich zu verstehen,
daß er nicht abgeneigt wäre, ihn gegen eine etwas greifbare
Erkenntlichkeit wieder in Freiheit zu setzen. Der Apostel
wollte indessen seine Freiheit nicht der Bestechung, sondern seinem
guten Rechte verdanken. Das letztere erhielt er aber nicht,
denn ein Urtheil wurde in seiner Sache nicht gefällt, und
so blieb er nach wie vor in Caesarea als römischer Ge=
fangener. Indessen blieb seine Gefangenschaft doch immer eine
durchaus erträgliche. Der Verkehr mit den Freunden wurde auch

nicht gestört; ja, damit er nie ohne Gesellschaft wäre, wurde sogar gestattet, daß immer einer von den Gefährten sich mit dem Apostel einschließen lassen durfte. Diejenigen, welche in der Ausübung dieses Liebesdienstes mit einander abwechselten, waren Aristarch, Tychikus, Lucas und Epa= phras, der Stifter der Gemeinden in Phrygien.

Von den paläſtinenſiſchen Judenchriſten waren es, wie ſchon geſagt, nur Johannes Marcus und Jesus Justus, die den Muth hatten, den gefangenen Apostel hier in Cäſarea aufzuſuchen; die übrigen ſchämten ſich nicht, ihn, von dem ſie eben erſt noch die Collecte der Diaſporagemeinden entgegenge= nommen hatten, zu verleugnen. Indeſſen kränkte das den Paulus nicht allzu ſehr, war er es doch von den Paläſtinenſern ſchon ſeit lange gewohnt, daß ſie ſich ihm, wo und wie ſie nur immer konnten, nichts weniger als brüderlich zeigten; er blieb gelaſſen, in der guten Zuverſicht, daß ſeine Gefangenſchaft doch bald ein Ende nehmen würde, und er dann auf's neue ſeinem innerſten Drange folgen und den Namen Jeſu Chriſti wieder in die Welt hinaus tragen könnte.

Hier, von Caeſarea aus, ſchrieb der Apostel zwei Briefe, die uns auch noch erhalten ſind, nämlich den an Philemon und den an die Coloſſer. Im Prätorium hatte er nämlich einen jungen phrygiſchen Sclaven, Namens Oneſi= mos, kennen lernen, der ſeiner Herrſchaft, einer auch dem Apostel wohl bekannten chriſtlichen Familie in Coloſſä in Phrygien, entlaufen war, weil er entweder dort Schaden an= gerichtet oder ſich eine Unterſchlagung hatte zu Schulden kommen laſſen. Philemon war der Name des Hausherrn und Apphia der der Hausfrau, beide unter den Chriſten dadurch weithin be= kannt, daß ſich in ihrem Hauſe eine Herberge der Brüder befand. Den genannten Sclaven hatte nun der gefangene Paulus zum Chriſtenthume bekehrt und dann veranlaßt, ſich dem zu einem Be= ſuche der phrygiſchen Gemeinden gerade abgehenden Tychikus anzuſchließen und ſich ſeiner Herrſchaft wieder zur Verfügung zu ſtellen. Damit nun Philemon den Oneſimos wieder freundlich annähme, und zwar nicht blos als Sclaven, ſondern nun auch als ſeinen chriſtlichen Bruder, ſchrieb Paulus den

9*

oben erwähnten Brief an den Philemon. Das Schreiben erscheint als ein Muster von Tact, Feinheit und Liebenswürdigkeit, jedoch so, daß es auch vom religiösen Geiste ganz und gar durchdrungen ist.

Zur Abfassung des Briefes an die Christen von Colossä aber sah sich Paulus hauptsächlich durch die Nachrichten veranlaßt, welche ihm der schon vorher erwähnte Epaphras über dieselben überbracht hatte, sodann wohl aber auch noch durch den Umstand, daß Tychikus, der ja gerade die phrygischen Gemeinden besuchen wollte, den Brief an die dortige Gemeinde leicht bestellen konnte. Von Epaphras hatte der Apostel nämlich erfahren, daß sich auch in die colossische Gemeinde, die sonst dem Paulus sehr ergeben war, judaistische Irrlehrer eingeschlichen hatten, und zwar solche, die mit ihren judaistischen auch noch gnostische Ansichten verbanden.*) Vor diesen judaistischen Gnostikern wollte der Apostel nun die Colosser und die übrigen phrygischen Christen in dem erwähnten Briefe warnen.

Zwei Jahre hatte der Apostel als Gefangener in Caesarea zugebracht, von einem Tage zum andern seine Freiheit erwartend, als der Procurator Felix Claudius Antonius plötzlich im Sommer 62 von seinem Amte abberufen ward, weil er nicht im Stande gewesen war, die Autorität der römischen Regierung unter den tumultuarischen Juden mit Nachdruck zu behaupten. Damit nahm das Schicksal des Apostels eine ganz andere Wendung. Nachfolger des Felix war Portius Festus. Diesem kam es nämlich zunächst ganz besonders darauf an, im ganzen jüdischen Lande wieder Ruhe und Ordnung herzustellen. Zu diesem Zwecke ließ er durch seine Truppen vor Allem die s. g. Sicarier niedermachen. Um den einzelnen Gefangenen konnte sich unter solchen Umständen der neue Procurator natürlich nur wenig kümmern. Und so erfuhr

---

*) Die Gnostiker waren nämlich auch Christen, aber solche, welche bezüglich des alten Testamentes dem einfachen Wortsinne noch einen besonderen, geheimnißvollen, nur den Eingeweihten verständlichen Sinn unterlegen, kurz, der Buchstabenreligion noch eine Geistesreligion gegenüberstellen wollten.

er denn von Paulus auch erst bei seiner Anwesenheit in Jeru=
salem. Da beschwerte sich nämlich das Synedrium bei ihm, daß
dieser Gefangene widerrechtlich der jüdischen Jurisdiction
entzogen worden sei. Festus beschied nun die Ankläger nach
Caesarea. Wiederum wurde mit dem Apostel ein Verhör
angestellt, daß aber ebenfalls ohne Resultat blieb, da Paulus
wiederum entschieden in Abrede stellte, gegen das jüdische
Gesetz oder gegen den römischen Kaiser irgendwie gefehlt zu haben.
Nun zeigte sich Festus nicht abgeneigt, den Gefangenen in
Jerusalem durch das Synedrium selbst aburtheilen zu lassen.
Da machte Paulus aber, wohl wissend, daß in Jerusalem sein
Leben unrettbar den Fanatikern verfallen wäre, von seinem
römischen Bürgerrechte Gebrauch und appellirte in aller Form
an den römischen Kaiser. Diese Apellation an den Kaiser
hatte zur Folge, daß der Procurator beschloß, den Ge=
fangenen gleich dem nächsten Transporte von Gefangenen
nach Rom beizugeben. Gleichzeitig mußte aber über die gegen
Paulus erhobenen Anklagen an den kaiserlichen Hof auch
noch ein Bericht erstattet werden, auf Grund dessen dann dort
die weiteren Verhandlungen stattzufinden hatten. Die Ab=
fassung desselben setzte ihn nun einigermaßen in Ver=
legenheit, da er in den dogmatischen Streitigkeiten seiner
neuen Unterthanen wenig bewandert war. In dieser Situation
kam ihm ein Besuch des Königs Agrippa sehr gelegen.
Dieser König kam nämlich mit seiner Schwester Berenice
nach Caesarea, um dem neuen Procurator seine Aufwartung
zu machen. Ein neues Verhör des Apostels wurde nun an=
beraumt, dem außer Festus auch die beiden hohen Gäste beiwohnten.
Für den Apostel hatte indessen auch dieses neue Verhör keinen
Nutzen, obwohl die Richter erklärten, daß seiner augenblicklichen
Freilassung nichts im Wege stände, wenn er sich nicht auf
den Kaiser berufen hätte. Nutzen brachte es nur dem Procu=
rator, der nun wußte, wie er seinen Bericht abzufassen hatte.
Hinsichtlich des Paulus blieb es vielmehr bei dem einmal
gefaßten Beschlusse, daß er nämlich, weil er appellirt habe,
nun nach Rom transportirt werden solle.
Den Apostel berührte diese unerwartete Wendung der

Dinge nach zwiefacher Seite hin recht schmerzlich, nach der einen in sofern, als er seine Loslassung und damit die Wiederaufnahme seiner apostolischen Wirksamkeit nun wieder in eine unbestimmte Ferne entrückt sah, nach der anderen in sofern, als er sich gerade damals auch mehrerer seiner zuver= lässigsten Gefährten entäußert hatte. Den Timotheus hatte er nämlich nach Ephesus, den Tychikus nach Phrygien, den Crescens nach Galatien und den Titus nach Dalmatien ziehen lassen. Nur Lucas, Aristarch und Demas waren noch bei ihm. Und von diesen dreien verließ ihn in diesem schweren Augenblicke auch noch einer. Demas glaubte nämlich seine privaten Angelegenheiten nicht länger verab= säumen zu dürfen und kehrte deshalb nach Thessalonich zurück.

Im Herbst des Jahres 62 trat Paulus seine Reise nach Rom an, begleitet von Aristarch und Lucas. Wie diese treuen Gefährten ihrem Apostel vorher schon nach Jerusalem und von da nach Caesarea gefolgt waren, so folgten sie ihm nun auch nach Rom. Sie wurden alle drei einer Abtheilung von Gefangenen zugetheilt, die ein Centurio von den Prätorianern, Namens Julius, befehligte. Zunächst bediente man sich eines abram= myttenischen Schiffes, das die Hauptplätze der kleinasiatischen Küste besuchte. Man hoffte nämlich so an einem derselben weitere Fahrgelegenheit zu finden. An einem Tage erreichte man Sidon. Hier gingen Paulus und seine Gefährten mit Er= laubniß des Centurio in die Stadt, um die Brüder zu besuchen. Von Sidon fuhr man nach Myra in Lycien, nicht aber direct, sondern des ungünstigen Windes halber um die Insel Cypern herum über das Meer von Cilicien und Pamphylien. Hier wurde das abramyttenische Schiff mit einem alexandrinischen vertauscht, das directen Cours nach Italien hatte. Von Myra steuerte man auf die carische Halbinsel Knidos los. Als das Schiff aber gerade anlegen wollte, sprang der Wind so rasch gegen Nordwest um, daß es sich nur mit Mühe nach der Insel Kreta durcharbeitete. Gedeckt durch das Wetterufer drang man dort bis zum Kap Matala vor. Vorsichtig landete man alsdann in dem s. g.

Schönhafen, unweit Lasos. Paulus, der die Tücke der griechischen Meere im Spätherbste aus Erfahrung kannte, machte dem Centurio hier den Vorschlag, in diesem Hafen zu überwintern und dann die Fahrt mit Anbruch des Frühjahres weiter fortzusetzen. Die Seeleute aber, welche südlich vom Kap Matala besser überwintern und bei wiedereröffneter Schifffahrt auch früher den ersten Ostwind benutzen zu können glaubten, schlugen vor, nach dem nordöstlich von der Insel Klaude gelegenen Hafen Phönix (jetzt Letro genannt) zu segeln. Und der Centurio gab ihnen nach. Allein das Schiff erreichte denselben nicht, es wurde auf dieser Fahrt vielmehr plötzlich von einem heftigen Nordwinde erfaßt und in die offene See verschlagen. Die Insel Klaude (jetzt Gozzo genannt) sah man hinter sich verschwinden.. Bald bekam das Schiff auch mehrere Lecke; damit es nicht sinke, mußte Ballast ausgeworfen werden; um nicht auf die afrikanische Sandbank geworfen zu werden, wurden die Segel eingezogen, Taue um das Schiff gelegt und das Steuer mit Seilen befestigt. Dabei stieg in dem Schiffe das Wasser aber immer höher, und am dritten Tage schon mußte der Mast gekappt und über Bord geworfen werden. Vierzehn Tage lang trieb man so, ein Spielball der Wellen, auf dem stürmischen Meere dahin. Dazu herrschte auch noch eine undurch= dringliche Dunkelheit, indem weder Sonne, noch Mond, noch Sterne schienen, so daß man sich auch nicht einmal orientiren konnte. Endlich nach vierzehn Tagen vernahm man an dem eigen= thümlichen Rauschen der Brandung, daß man sich der Küste näherte. Es war die Insel Malta. Auf ihren Strand lief denn das Schiff auch auf. Der vordere Theil saß auf einer Sandbank fest, der hintere Theil wurde von den Wellen zertrümmert. Von den Passagieren kam indessen Niemand um, alle wurden ans Land gerettet. Den übrigen Theil des Winters blieb man nun auf dieser Insel. Die Ein= geborenen benahmen sich zu den Schiffbrüchigen sehr freundlich. Paulus, Aristarch und Lucas wurden von einem gewissen Publius beherbergt. Im Februar brach man wieder auf. Ein alexandrinisches Schiff, Kastor und Pollux genannt, führte die Reisenden glücklich und wohlbehalten nach **Messina**. Nach einem Aufenthalte von drei Tagen steuerte man auf den Golf von Neapel und von dort auf den Hafen von Puteoli los. Hier in **Puteoli** wurden alle Gefangenen ausgeschifft, auch **Paulus** mit seinen Gefährten, um den Rest des Weges zu Fuß zurückzulegen. Vorher durften die letzteren aber erst noch die Brüder dieser Stadt aufsuchen und sich sieben Tage bei ihnen aufhalten. Das nächste Reiseziel von Puteoli war das **Forum Appii**. Dorthin gelangte man auf der berühmten Appischen Straße (der Via Appia), indem man zuerst die lachenden Fluren **Campaniens**, dann die pontinischen Sümpfe passirte. In **Forum Appii** wurde **Paulus** schon von einigen römischen Brüdern empfangen, die ihm bis hierher entgegen gezogen waren. Von **Forum Appii** kam man nach **Trestabernae**, wo ebenfalls schon Brüder warteten, um den Apostel mit Ehren einzuholen, und von dort nach **Rom**. Die **Porta Ca‑ pena** war es, durch welche **Paulus** die Hauptstadt des römischen Weltreiches betrat. In Rom angekommen, wurde er in der Caserne der Prätorianer internirt. Seine Haft war aber auch hier, wie in **Cäsarea**, eine milde, ebenfalls eine s. g. custodia libera, d. h. es wurde ihm erlaubt, mit seiner Wache in der Nähe der Caserne eine Miethswohnung zu beziehen.

Sein Verhältniß zu den Christen der römischen Haupt‑ stadt wurde aber kein herzliches, im Gegentheil, in demselben Maße, als sie ihm anfangs freundlich entgegengekommen waren, zogen sie sich nachher von ihm wieder zurück. Religiöse Gegensätze zwischen ihm und den dortigen Christen waren auch hier bald hervorgetreten und in dem persönlichen Verkehre hatten sich diese eher noch verschärft als ausgeglichen. Und zwar scheinen es Judenchristen aus **Ephesus** gewesen zu sein, welche das anfangs so freundschaftliche Verhältniß zwischen den römischen Brüdern und dem Apostel getrübt haben, wenigstens beklagt sich der Apostel einmal bitter über den Schmied **Alexander** von dort, sowie über zwei andere Epheser, Namens **Phygellus** und **Hermogenes**, als über solche, die ihm in Rom viel Leid zugefügt haben. Kurz, Paulus sah sich bald ganz verlassen. Bei seiner ersten Vernehmung schon stand ihm keiner mehr von ihnen zur Seite. Dazu scheint sich auch noch nach und nach seine persönliche Lage sehr zu seinen Ungunsten verändert zu haben. So ist es z. B. sehr wahrscheinlich, daß er einmal dem Kampfe mit dem Löwen nur mit genauer Noth entging. Da Paulus in solcher Lage das Bedürfniß nach willigen Gehülfen um so lebhafter empfand, so schickte er den Aristarch nach Ephesus, damit er ihm den Timotheus und den Johannes Marcus hersende.

Zwei Jahre hatte der Apostel in Rom bereits zugebracht, ohne daß in seiner Sache eine Entscheidung herbeigeführt worden wäre, da sollte sein rastloses Leben unerwartet seinen Abschluß finden, freilich einen anderen, als er bis zum letzten Augenblicke noch gehofft hatte. Im Juli des Jahres 64 entstand nämlich auf Anstiften des damaligen Kaisers Nero eine Feuersbrunst, die so um sich griff, daß sie mehrere Tage lang mit der furchtbarsten Gewalt wüthete, die ältesten Tempel und religiösen Denkmäler der Stadt vernichtete und eine nicht zu zählende Menge von Menschen unter ihren Flammen begrub. Und um nun den drohenden Unwillen des Volkes von sich abzuwenden, setzte er alsdann zum Schein eine Untersuchung in Scene, deren Resultat war, daß der fürchterliche Brand von den Christen angelegt worden sei, von den Leuten, die ja allenthalben schon als die Feinde des Menschengeschlechts bekannt seien. Alles, was Christ war, wurde nun ergriffen, gefoltert und auf die raffinirteste Weise ums Leben gebracht. Daß man sie ans Kreuz schlug, genügte dem Unmenschen nicht mehr, sie wurden in Thierfelle genäht und im Circus Bluthunden vorgeworfen, ja in seinen Gärten lebendig mit Werg und Pech überzogen, mit der Gurgel an Kienpfähle angebunden, um dann in der Dunkelheit als Fackeln zu dienen. —

Welches Schicksal den Apostel Paulus getroffen hat, ob er unter den Trümmern der brennenden Stadt begraben worden ist oder ob er im Circus hat mit wilden Thieren kämpfen und so sein Leben lassen oder auch mit in ben Gärten des unmenschlichen Nero als Fackel dienen müssen, das wissen wir nicht. Daß er aber bei dieser Catastrophe sein Ende gefunden hat, das ist kaum zweifelhaft. Wenigstens hört von da ab jedes Lebenszeichen des großen Apostels auf. — Von Rom aus hat der Apostel auch noch einen Brief geschrieben. Die Philipper hatten nämlich seine traurige Lage daselbst in Erfahrung gebracht, und wie sie ihm früher schon in Zeiten der Noth zur Hülfe geeilt waren, so hatten sie seiner auch in Rom nicht vergessen und dorthin ihren Vorsteher Epaphroditus abgesandt, damit er ihm eine namhafte Unterstützung überbrächte. Als derselbe nun wieder in seine Heimath zurückkehrte, da gab ihm der Apostel an die Philipper ein Schreiben mit, worin er denselben für die übersandte Gabe seinen innigsten Dank ausdrückte. Dieses Schreiben ist uns nun ebenfalls noch erhalten. Es ist der im Neuen Testamente befindliche Philipperbrief. Ganz ungetrübt war freilich die Freude über diese Gabe auch nicht mehr gewesen. Epaphroditus hatte nämlich dem Apostel zu dessen großem Schmerze nicht verhehlen können, daß auch in der Gemeinde zu Philippi schon die judaistische Partei Fuß gefaßt und dort durch ihre Agitation bereits Hader und Zwietracht gestiftet hatte.

Inhalts-Verzeichniss.

Nachstehende weit verbreitete Schriften von **Otto Schulze,** Pastor und Schulinspector in Derenburg, sind in J. A. Wohlgemuth's Verlag (Max Herbig) in Berlin erschienen und werden in empfehlende Erinnerung gebracht. Die erste Einführung derselben wird durch möglichst billige Partiepreise erleichtert.

Praktische Erklärung
dreißig
ausgewählter Psalmen
mit Einschluß der
achtzehn für die Volksschule vorgeschriebenen.
Zum Gebrauch für
Lehrer und Seminaristen.
1876. 120 Seiten. 8. broch. Mark 1,20.

Ausführlichere Erklärung
der
achtzig Kirchenlieder.
Nebst einem Anhange:
Kurze Geschichte des Kirchenliedes.
Ein Hand- und Hülfsbuch für
Lehrer und Seminaristen, sowie zur Selbstbelehrung.
Fünfte, revidirte und erweiterte Auflage.
1876. 300 S. gr. 8°. Mk. 2,80.

Ein von vielen Behörden warm empfohlenes Handbuch für Lehrer, dessen Brauchbarkeit am besten durch das Nöthigwerden einer 5. Auflage dokumentirt wird.

Kurze Geschichte des Kirchenliedes
für
Lehrer und Seminaristen, sowie zur Selbstbelehrung.
1876. 31 S. gr. 8°. 40 Pf.

Eb. Freyhoff's Druckerei, Oranienburg.